区域物流规划

——理论、方法及应用

孙 莹 著

北 京
冶 金 工 业 出 版 社
2012

内容提要

本书介绍了区域物流的理论及其实际应用。内容包括区域物流相关研究综述、区域物流需求预测方法及其应用、区域物流节点层次选择技术及其应用、省域区域物流规划案例、物流园区选址方法及其应用、物流园区布局规划技术及其应用、物流园区规划案例。

本书适合管理人员阅读参考。

图书在版编目(CIP)数据

区域物流规划：理论、方法及应用/孙莹著. —北京：冶金工业出版社，2012.5

ISBN 978-7-5024-5951-2

Ⅰ.①区… Ⅱ.①孙… Ⅲ.①区域—物流—物资管理 Ⅳ.①F252

中国版本图书馆 CIP 数据核字(2012)第 082026 号

出 版 人 曹胜利
地　　址 北京北河沿大街嵩祝院北巷 39 号，邮编 100009
电　　话 (010)64027926 电子信箱 yjcbs@cnmip.com.cn
责任编辑 杨盈园 美术编辑 彭子赫 版式设计 孙跃红
责任校对 李 娜 责任印制 李玉山
ISBN 978-7-5024-5951-2
北京百善印刷厂印刷；冶金工业出版社出版发行；各地新华书店经销
2012 年 5 月第 1 版，2012 年 5 月第 1 次印刷
850mm×1168mm 1/32；6.5 印张；174 千字；198 页
25.00 元

冶金工业出版社投稿电话：(010)64027932 投稿信箱：tougao@cnmip.com.cn
冶金工业出版社发行部 电话：(010)64044283 传真：(010)64027893
冶金书店 地址：北京东四西大街 46 号(100010) 电话：(010)65289081(兼传真)

前　言

随着经济全球化和区域经济一体化进程的不断加快，国际产业升级和转移发展迅猛，我国区域经济一体化的趋势也在日益加强，已呈现出全球、国家和区域共同发展的局面。在区域经济一体化趋势下，区域经济交流和合作成为一种普遍的经济现象，区域间物流、商流、信息流、资金流等不断涌现，区域间竞争的激烈程度正不断加剧。与此同时，东部沿海正在承接海外、西部内陆正在承接东部沿海的产业梯度转移，我国经济正面临新的发展形势，物流活动由此变得日益频繁。如何缩短物流距离、减少物流时间、降低物流费用，已成为区域经济快速、健康、稳定、持续发展亟待解决的问题，区域物流的作用日益凸显。

区域物流是在某一经济区域内，物资从供方向需方的物质实体流动过程，它实现了物资的空间效用和时间效用及形质效用，是运输、储存、装卸、包装、流通加工、配送、信息处理等几种功能的有机结合体。区域经济是按照自然状况、经济联系、民族、文化传统以及社会发展需要而形成的经济联合体，是社会经济活动专业化分工与协作在空间上的反映。

区域经济与区域现代物流业发展存在较大的相关关系，是相互依存的统一体。区域物流是区域经济的重要组成部分。从区域经济发展实践来看，区域物流规模大、区域物流组织与管理水平越高、区域物流产业越发达，区域经济总量也就越大、区域社会经济效益水平也就越高。区域物流的发展，会给区域经济发展提供良好的实体移动平台，促进区域经济发展；反之亦然，区域经济的发展会促成区域物流的集中，形成规模，促进区域物流的发展。

区域物流体系的规划，首先要系统研究区域物流与区域经济的关系和相互影响，深入分析区域经济的发展现状和区域物流发展的自然条件、自然资源、交通条件等，提出区域物流网络系统的规划和发展策略。

目前，我国工业经济发展面临着越来越大的国际竞争压力，作为现代服务业的物流产业成为新的经济增长点，是国民经济的综合性和支柱性产业之一，不仅影响地区工商业经济的运行质量，而且还直接影响地区交通、城市建设、环境保护、居民生活等。因此，区域现代物流是促进我国经济和社会协调发展的重要力量，也是我国工商业经济发展的基础。

在本书的编写过程中，北京科技大学鲍新中老师给予了大力支持和帮助，汪洋、李珺、王璁参与了数据搜集工作，在此一并感谢。

著 者

2012 年 3 月

目　录

1 区域物流相关研究综述

1.1 区域物流的国内外研究

长期以来，国内外的学者和实际工作者从各个角度对区域物流进行了系统的研究，广泛应用于各个领域。

1.1.1 区域物流的概念

对于区域物流中的区域，一般采用从经济学角度对区域的界定，即经济区域，它是地球表面上被具有某些经济学意义特征所固定的空间系统。为方便研究区域物流系统和对物流活动的有效调节，可将区域表述为描述、分析、规划、运营或管理等方面具有相似特征的空间范围，它更强调区域系统的整体性，表现为一个动态的范畴。从实践角度，区域一般可分为三个层面：一国之内的经济区域，如我国的东部沿海发达地区、中西部欠发达或落后地区，德国的鲁尔地区等；超越国家界限、由几个国家构成的世界经济区域，如欧盟经济区、东南亚经济区、北美自由贸易区等；几个国家部分地区共同构成的经济区域，如湄公河流域经济区等。在多数情况下，区域概念表明的是一国经济范围内划分的不同经济区，如我国的长江三角洲、（泛）珠江三角洲、环渤海经济圈、成渝经济区、“一线两带”经济区等。

国际学术界对区域物流的定义尚未统一，而我国对区域物流的解释则更不成熟。从区域物流的形成过程来看，区域物流是随着区域经济的形成和发展而形成发展起来的。区域经济是一种聚集经济，是人流、商流、资本流等各种生产要素聚集在一起的规模化经济，它以生产的批量化和连续性为主要特征。

但是，聚集不是目的，要素的聚集是为了商品的扩散，合理的物流系统对于商品的价值和使用价值的实现起着基础性作用。从区域经济角度来看，在区域经济运行和发展进程中，物流产业的促进作用同样不容忽视。

1994 年美国《物流手册》（The Logistic Handbook）将区域物流定义为：区域范围内的一切物流活动，包括运输、保管、包装、装卸、流通加工和信息传递等功能实体的流动以及物流过程中各环节的物品运动。2004 年，埃及专门成立了区域物流委员会（Regional Logistics Council），从事孟菲斯地区的区域经济发展和区域物资持续流动的研究。我国专家学者也从不同角度对区域物流展开了研究。董千里教授指出：“区域物流是在一定区域规划和构筑促进社会经济最佳战略实现的物流系统，及其与物流运营和监控等相关的活动体系。”崭伟教授认为，区域物流“是指一个地区范围或一个区域范围的货物运输、保管、包装、装卸、流通加工、配送和相关的信息传递活动，区域物流的主体是趋于货物运输”。王莉教授将区域物流定义为：“区域范围内的一切物流活动，……区域物流具有明确的区域性、整体性、目的性、层次性、适应性和动态性。”

肖卓从区域经济和物流产业的角度，结合物流本身的特点，对区域物流的概念做出了描述。他指出：所谓区域物流是指在一定的区域地理环境中，以大中型城市为中心，以区域经济规模和范围为基础，结合物流辐射的有效范围，将区域内外的各类物品从供应地向接受地进行有效的实体流动，它实现了物资的空间效用、时间效用和形质效用，是运输、储存、装卸、包装、流通加工、配送、信息处理等几种功能的有机结合体。区域物流侧重于城市之间、城乡之间的从供应者到需求者的物品的运输与集散一体化的过程，目的是运用区域概念和战略的手法解决有关大范围物流的各种主要问题，实现区域物流的最佳化。区域物流体系对于提高该区域物流活动的效率、保障物品的有效流通具有不可缺少的作用。它是国民经济活动的命脉，是联系生产和消费的纽带，是社会发展和人民生活水平提高的基础条件，也是衡量一个国家现代化程度的重要标志之一。

区域物流是区域经济活动中生产、流通、分配、消费诸环节及各部门和各地区间实现有效联系的纽带，是区域经济的主要构成要素。从不同角度分析区域物流，结论略有不同，一般可以认为，区域物流是指在一定区域规划和构筑促进社会经济最佳战略实现的物流系统，及其与物流运营和监控等有关的活动体系。该定义主要涵盖了以下几个方面的内容：(1) 注重整体规划；(2) 强调社会经济效益最佳；(3) 系统思想；(4) 功能集成；(5) 资源整合；(6) 物流经营主体的运营；(7) 信息技术等。一般而言，区域物流的范围与其所属的区域经济的范围相一致，但又不完全重合。这其中主要的原因是运输的距离经济原理决定了某种运输方式最有效的运输距离，进而决定了作为区域物流经营主体的物流企业的运作范围。

1.1.2 国外有关区域物流的相关研究

国内外学者对区域物流问题开展了较长时间的研究，已形成了许多有价值的研究成果，但是在研究的侧重点上也有明显的差异。国外研究主要侧重于企业的物流层面，重点研究物流管理与企业效益的关系，以实证研究为主，目的是为企业提供优化策略。而国内的研究则主要侧重于对区域物流概念、原理和基本理论的探讨，与西方发达国家相比，无论在理论研究方面，还是在实践方面，都存在一定的差距。

目前，美国、日本等发达国家的学者，主要从两个方面对区域物流问题进行研究。一是与企业物流相关的方面，通常采用数量化方法，从跨国公司的角度研究区域物流的基础设施、配送体系以及物流供应链运行等问题；二是集中于宏观的方面，如研究政府的角色，政策作用和法律、法规的建设，区域物流发展与经济发展、产业发展的相互关系，国际和区域间合作等问题。

美国等西方市场经济发达国家十分重视市场环境下物流发展法律法规的研究、建立与完善，政府尤其是地方政府在交通、大型物流中心、港口及物流园区等物流基础设施的建设上发挥了积极的作用。日本、新加坡、韩国等东亚及小国土国家，在加强法律、法规建设的同时，还通过政府产业政策及产业规划的实施来推动现代物流业的发展。

日本政府将区域物流发展确定为物流产业发展不可或缺的一部分，并将其置于区域经济发展战略地位。就全国而言，日本1997年制定的《综合物流施政大纲》首先将物流产业的发展提至国家经济发展的战略高度，并提出了三大目标。2001年，日本又颁布了《新综合物流施政大纲》，特别是其中关于城市物流和区域物流部分，更是为未来区域物流发展指出了方向。该大纲将现代物流产业进行了重新定位。新大纲在原有大纲的基础上，根据环境的变化做出了进一步的调整和策略推进。就区域物流和城市物流而言，在“加强国际竞争力，适应世界经济一体化新形势”、“构筑高水平的物流系统”、“充实物流社会资本”等相关部分都有关于区域物流未来的描述，主要涉及区域物流规划、物流与环保、交通体系与物流节点建设与发展、区域物流资本充实等相关内容。可以说，随着物流产业在日本经济中战略地位的确定，区域物流业同样在区域经济中确立了其战略地位。

2001年，E. Taniguchi 等在“City Logistics”中提出了研究城市物流最基本的概念和方法，并提出了评价城市物流政策和方法，解决城市货运问题。物流是在考虑社会、环境、经济、财政和能源对地区货运活动影响下整体优化地区物流的活动。城市物流的活动目的是为了解决城市货运问题，包括交通运输阻塞、对环境的污染、能源的过度消耗以及人力的短缺。

Mark 和 Argus Ang 回顾了印度支那半岛在过去十年里所经历的巨大的经济发展，然而经济的强劲发展是依托于有效的物流基础设施的。他们介绍了印度支那半岛的区域物流发展现状，尤其是不完备的交通网络、效率低下的通关手续和简陋的物料搬运设施。在此基础上，他们提出了进入该新兴市场的战略性建议，并重点评价了印度支那半岛的交通、电信、海关、仓储等领域面临的挑战。

1996 年，UPS 的总裁 Thruston 分析了跨国企业越来越多地利用自由贸易区作为区域物流中心进入拉丁美洲市场的情况。美国 2007 年物流年度报告的主题是“全球化”，报告中重点强调在经济全球化、区域经济一体化环境下，供应链物流运作与管理的各方面的发展和趋势。全球供应链的问题在过去几年里，始终是美国物流协会重点讨论的问题。

Donald Bowersox 等论述了在经济全球化、区域经济一体化条件下，全球供应链与区域物流业发展的关系。

Panos Kouvelis 和 Meir J. Rosenblatt 研究了全球化供应链管理中设施融资、交通以及地区交易规则、企业税费法律中的政府补贴（Government Subsidies）等全球生产和配送网络主要因素的效用，通过建立框架模型来用于决策支持，通过分析具体案例，来得出诸多因素在全球设施结构中的效用规律。

1.1.3 国内有关区域物流的相关研究

我国对物流管理的研究开始于 20 世纪 80 年代，起步较晚。区域物流理论引入我国后，国内学者在区域物流理论与政策研究上，做出了许多有益的探索。

从对物流功能的研究来看，各物流研究机构都局限于物流基本过程和基本环节的研究，如仓储、运输、物料搬运等方面。从分行业、分部门的研究看，对公路运输、铁路运输、航空运输、水路运输和远洋运输以及货运、货代或过关代理等方面都有相关研究。而我国对物流的综合研究相对于国外发达国家还处于刚刚起步阶段，物流的专业化、社会化程度不高，物流的整体功能还没有得到充分的发挥。

随着现代物流管理理论和方法的引入，学术界、企业界越来越重视这方面的研究和实践，区域物流也成为研究的热点之一。相关研究主要在于以下几个方面：一是现代物流产业与区域经济发展的关系和相互影响的机理；二是促进物流产业发展的政策体系研究；三是以城市为中心的区域物流业发展规划和城市物流规划等。

丁俊发总结了近期国内物流研究的方向，即物流定义、物流规划与政策、物流成本及统计信息体系、传统企业流程再造和业务转型、物流市场和需求、供应链理论、物流信息化、物流装备和技术以及标准化、物流人才教育和学科建设、国外物流发展趋势十大热点。

1.1.3.1 物流规划技术问题的研究

物流规划技术是物流发展战略理论的重要组成部分，也是物流定量研究的重要方面。2000 年以来，国内各省、大中型城市，以至某些地级、县级市纷纷制定出物流规划，但是普遍存在如下问题：如何明确规划目的（指导企业行为或是规范政府行为），如何明确规划范围（针对产业发展或是针对管理技术和运作模式），如何明确规划内容（基础设施建设规划或者包括其他规划，具体的时间跨度是以当前实际为主，具有前瞻性、适度超前性），以及规划与上一级区域（省、市）总体发展规划的衔接问题、规划实施的保障措施等。

近期我国物流规划技术研究包括：物流网点布局的模拟方法、物流中心的规划方法等物流规划专项技术的引进和开发物流各功能要素的“整合”模型，即以“供应链”思想为指导，研究“从物流小系统的局部优化转为物流大系统优化”的方法和模式，发展物流产业以及计算机技术在物流规划中的应用。

1.1.3.2 供应链理论与方法的研究

供应链理论将是区域物流发展研究的主导理论。根据美国物流协会的最新定义，物流是供应链的一部分。供应链理论在国内物流业越来越受到关注。

供应链是由生产、流通等几个经济环节（或功能要素）集合形成的，既是企业组织、管理制度上的创新，同时也是生产、流通运行模式的调整。目前，国内各城市开始从本区域流通企业发展和物流运动的组织形式、组织模式等角度出发，探索结合供应链理论，对现存的物流企业按照供应链的管理模式进行调整或改组，来促进地区物流经济的发展。

1.1.3.3 物流信息化研究

现代物流的发展方向是信息化、网络化、智能化。物流信息化问题，不仅仅是技术问题，也是物流管理理念和管理方法问题。目前，如何推进物流管理信息化的问题，已经得到越来越广泛的重视。这方面研究的主要问题有：企业信息化与供应链的衔接，企业物流与企业信息平台的建立，社会物流与社会公共信息平台的建立，如何推进区域物流的发展过程等。

1.1.3.4 物流市场和需求的研究

对于培育物流市场、启动物流需求方面，区域物流研究侧重于研究如何促进生产和流通企业物流外包、加快专业化的物流服务。相应地，研究包括对工业品和农产品物流市场总量的研究、物流需求结构分析、市场主体的分类划型和界定、市场准入制度的建立、市场秩序的规范、地方保护和行业分割问题等。

1.1.3.5 物流政策的相关研究

在国内区域物流研究中，对于物流政策方面的研究主要包括物流政策体系的建立、区域物流政策的导向作用分析、物流政策的落实、物流政策的推广以及物流政策的法律法规等。

1.2 区域物流与区域经济的相关研究

区域经济与区域现代物流业发展存在较高的相关关系，是相互依存的统一体，区域物流是区域经济的重要组成部分。从区域经济发展实践来看，区域物流规模大、区域物流组织与管理水平越高，区域物流产业越发达，区域经济总量也就越大，区域社会经济效益水平也就越高。

1.2.1 区域物流的相关经济学理论基础

1.2.1.1 增长极理论

20世纪40年代末至50年代，以Rosenstein Rodan、R. Nurkse和P. Streeten为代表的平衡增长论者强调，经济发展应通过对整个国民经济各部门尤其是工业部门同时全面大规模投资，以及许多相互依赖的企业的同步平衡增长来实现。不平衡增长论者则强调，鉴于一些国家尤其是发展中国家现有物质资源（尤其是资本）的稀缺和人力资源（尤其是企业家）的匮乏，经济平衡发展实际上是不可能的。

法国经济学家E. Perroux最早提出以“增长极”为标志并以不平等动力学或支配学为基础的不平衡增长理论。Perroux从抽象的经济空间出发，认为经济空间存在着若干中心、力场或极，产生类似“磁极”作用的各种离心力和向心力，从而产生相互联合的一定范围的“场”，并总是处于非平衡状况的极化过程之中。在他看来，一国经济是由各种“经济空间”构成，它或者是“计划内容”或政策运用的经济空间形式，统计学意义的均质的空间形式，或者是作为“势力范围”、“力场”和“增长中心”的经济空间形式。因此，增长极可以理解为在地理上处于相对有利位置，其经济发展会对周边地区经济发展产生重要影响的一个增长中心。

Perroux认为，经济增长是在不同部门、行业或地区，按不同的速度不平衡增长的。原因在于：某些“推进型产业”（主导产业）或有创新能力的企业（企业家的创新是发展进程的主要动因）在一些地区或城市的集聚和优先发展，从而形成恰似“磁场极”的多功能的经济活动中心，亦即增长极。它不仅促进自身发展，产生“城市化”趋向，并且以其吸引和扩散作用进一步推动其他地区的发展，从而形成经济区域和经济网络，资本的集中和输出，规模经济效益和集聚经济效益（城市化趋势）。Perroux 的增长极理论虽然涉及产业和企业的不平衡发展，但最终归结为城市和区域的不平衡发展，并且强调聚集和吸引效应，扩散效应以及地理、区位和中心优势。他的理论打上了 W. Christnller 的“中心地理论”的烙印。与 Perroux 有所不同，作为平衡发展理论的主要批评者的 A. Hirschman 则强调经济部门或产业的不平衡发展，并强调关联效应和资源优化配置效应。

Myrdal 早在 1944 年使用“回波”和“扩散”概念，说明经济发达地区（增长极）对其他落后地区的双重作用和影响，因此而形成的“地理上的二元经济结构论”以及相应的政策主张。Myrdal 寄希望于政府采取积极的干预政策，而不应消极等待发达地区或增长极的“扩散效应”来刺激增长极周围落后地区的发展，填补累积性因果循环所造成的经济差距。Hirschman 稍后也提出了类似的观点，即产生极化效应（回波效应）和涓流效应（扩散效应），进而提出了“边际不平衡增长理论”，以及“核心与边缘区理论”。后来的“集中的非中心化”区域发展理论，旨在强化扩散效应，并主张在边缘落后地区建立新的增长中心，使发达地区和落后地区协调发展。

Perroux 的弟子、法国经济学家 J. Boudeville 在《区域经济规划问题》（1957 年）和《国土整治和增长极》（1972 年）等著述中对“经济空间”这一术语作了开拓性（从经济空间拓展到地理空间并从经济理论延伸到经济政策）的系统阐释。把经济空间或经济区域划分为三类：一是同一或均质区域；二是极化区域，所谓极化是指增长极的“磁极”作用，极化区域内部不同部分通过增长极相互关联、相互依存；三是计划区域。这是Boudevine 重点分析的对象。这里实际上已把增长极分为由市场机制支配的自发生成的增长极（极化区域）和计划机制支配的诱导生成的增长极（计划区域）。正因为如此，增长极理论是区域经济学和中观经济学研究的一个突破，许多国家把这一理论运用于区域经济政策和经济发展战略。

增长极理论在 20 世纪 60 年代已有了长足的发展，进入 70 年代后期，该理论遭遇了一段沉寂期，而在 80 年代末期，增长极理论又重新得到社会和学者们的重视。这一时期的理论观点和政策主张有：

（1）“粘胶效应”和黏性区理论。这一理论旨在防止新兴增长极或增长中心资金、企业和人才外流的“空沿化”和“空壳化”而提出的粘胶效应。本地政府基础设施的规划和政策导向（如税收减免和招商项目），决定该地区的粘胶强度。

（2）孵化器（创新中心）理论。传统增长极理论过分强调外力（如吸引外资，嵌入推进型产业），因而易导致区域差距扩大的恶果。而孵化器理论则是西方学者分析科技园政策时，对传统增长极理论反思的产物。该理论强调：新企业尤其是小企业的崛起和繁衍是新兴区域发展的重要标志，政府应通过各种措施（例如创立小企业创业服务中心）和优惠政策（例如提供风险资金和良好的基础设施）创造良好的孵化环境和生长机制，用以降低创新企业的创业风险和开发成本，提高新兴企业的成活率和成功率。

“增长极”理论表明，区域经济发展的初期一般会在经济发展基础较好的地区出现人力、物力、财力等生产要素聚集的现象，从而使这一地区形成经济快速发展的“增长极”。现代物流作为一个“关联效应”显著的复合产业，其在区域经济发展中所起的积极推动作用，已为发达国家的实践所证明。

西方增长极理论经过长达半个多世纪的理论演衍和有力的

经验验证，日臻成熟。它尽管有某些缺陷和局限性，但仍不失之为发展区域经济不可或缺的重要理论之一。许多国家尤其是发展中国家已将它广泛应用于经济规划、生产力布局和区域经济的发展战略。

增长极理论打破了经济均衡分析的传统，主张区域经济发展的非均衡性。增长极的形成过程既是自发组织过程也是一个可控过程。也就是说，增长极的极化过程不仅是通过市场机制自发调节的结果，还可以是通过政府的政策支持或重点投资来主动建立“增长极”。区域物流规划的一个目的就是通过区域物流的合理化来推动区域经济的发展，因此，增长极理论对区域物流规划有指导意义。对于有条件的区域，可以把有限的经济资源、人力资源集中到物流产业上来，打造“物流产业增长极”，从而带动其他产业的发展，进而促进区域经济的增长；在物流基础设施建设方面，也应集中在一定的地域空间上以形成“增长中心”，避免重复建设；在物流园区建设方面，应注重增长极的诱发效应、极化效应、渗透效应和扩散效应。

1.2.1.2 “点-轴”渐进扩散理论

据点与轴线相结合的区域规划模式最初是由波兰的萨伦巴和马利士提出来的。后来，我国地理学家陆大道在深入研究宏观区域发展战略基础上吸收了据点开发和轴线开发理论的有益思想，提出了“点-轴”渐进扩散理论。

“点-轴”渐进扩散理论认为，一个社会经济系统的发展在空间上一般是以“点-轴”构造为“初始元”，以渐进扩散的方式发展为区域网络。“点-轴”系统中的“点”是各级中心地，亦即各级中心城市，是各级区域的集聚点，也是带动各级区域发展的中心城镇。“点-轴”系统的“轴”，是在一定的方向上联结若干不同级别的中心城镇而形成的相对密集的人口和产业带；由于轴线及其附近地区已经具有较强的经济实力并且还有较大的潜力，又可以称作开发轴线或发展轴线。

“点-轴”系统空间结构的发展过程一般可分为四个阶段：第一阶段是形成前的均衡期，第二阶段是系统的“点-轴”初始出现，第三阶段是由系统框架形成，第四阶段是发展趋于成熟。“点-轴”系统理论似乎隐含着一种有关非线性动力学的基本假设：“人口倾向于作为地方经济活动水平的一个函数而迁移，这些地方水平因而定义了一种局部的‘运载能力’，在此处约化成一种‘就业’能力。”这样，即使是从一个相当均匀的地表空间出发，只要引入时间上的振荡（即历史过程），就会发生对称破缺，从而演化出“点-轴”结构。“点-轴”系统具有分数维德自相似结构，这是一种优化的结构：系统的资源能被要素（子系统）共享，要素（子系统）的功能易于被系统层层放大，运用“点-轴”系统理论进行区域空间规划，人为地创造空间吸引子，形成所谓城市倍增器，加速区域经济的运行与发展。

“点-轴”渐进扩散理论认为，在资金有限的条件下，要开发和建设一个地区，不能全面铺开，而要集中建设一个或几个据点，通过这些据点的开发和建设来影响与带动周围地区经济的发展。轴线开发理论是据点开发理论模式的进一步发展，该理论认为，区域的发展与基础设施的建设密切相关，将联系城市与区域的交通、通信、供电、供水、各种管道等主要工程性基础设施的建设适当集中成束，形成发展轴，沿着这些轴线布局若干个重点建设的工业点、工业区和城市，这些布局既可避免孤立发展几个城市，又可以较好地引导和影响区域的发展。

在物流业成为推进型产业及以区域中心城市为核心形成的“成长极”的初级阶段时，区域中心城市与区域周边地区的差距会拉大，但从长远看，区域中心城市是交通、信息、产品、物资、金融等经济生产要素和生产成果的汇集和扩散中心，中心城市的物流业发展必然会对整个区域的产业发展起到一个很好的支撑和促进作用，物流业的经济效益必然也会向整个区域辐射，使周边地区的经济、管理、技术水平等得到全面提高，从而带动区域经济的全面提升。“点-轴”渐进扩散理论的核心是社会经济客体大都在点上集聚，通过线状基础设施而连成一个有机空间结构体系。“点”上经济效应的扩散是渐进的，必须沿着一定的通道进行，不是大跨度跳跃的。

该理论顺应了经济发展在空间上集聚成点并沿轴线扩散这一经济发展规律。它把区域物流的主要资源集中在城市这一“点”来进行集中规划、管理、发展。同时，在物流基础设施建设中，应注意把各物流“节点”联结起来的“轴线”的建设，以实现各节点间功能的相互补充、协调发展。在进行物流园区空间规划时，应依托公路、水路、铁路等交通轴线，考虑把其放在“轴线”周围。

1.2.1.3 产业积聚理论

集聚是指资源、要素和经济活动等在地理空间上的集中趋向与过程。经济活动的内在联系及其对区位的选择是集聚形成的初始动力。集聚能够产生集聚经济，同样也会增强经济活动的空间集中趋势，并因此而形成循环因果式的集聚动力。

产业集聚主要有两种机制：一是区位指向。经济活动在地理空间上的分布主要受其区位指向的制约，并呈现出一定的地理集中趋势，各种经济活动的区位指向存在明显差异，主要有自然资源指向、生产要素指向和市场与交通指向。二是产业联系。产业联系是经济活动过程中企业内部与企业之间的物质、能量信息与服务的交换与流动的关系，它对区位选择与企业集聚的形成产生重要影响。

集聚的经济目的，是集聚企业可以分享公共设施，降低生产成本，加速企业知识和技术的创新和扩散，减少运输费用，降低交易成本，获得外部规模经济等。

区域物流规划中，政府应通过建立物流园区、配送中心等基础设施，积极推动物流业的集聚，以产生集聚的经济效益。

另外，其他产业在空间上的集聚也会影响区域物流的运作方式及空间布局，因此，区域物流规划时应充分考虑到产业集聚对区域物流模式选择与物流园区选址的影响。

1.2.1.4 新产业空间理论

新产业区的研究始于20世纪70年代初对意大利东北部和中部地区中小型企业分布区的研究。该研究揭示了这些产业区发展的内在动力以及作为动力源的区域社会经济特性。这些产业区的中小型企业之间既竞争又合作的特征与马歇尔所描述的产业区特征在许多方面相类似，这就是马歇尔的产业区理论重新受到重视的原因。据研究，这种企业集聚而形成的区域经济特性与当地社会共同体的功能特性分不开。这种共同体是指在分享价值和相同行为规范基础上的一种文化共同体。也就是说在新产业区里，人们虽然在不同的企业里工作，但由于区域的一种氛围，人们都具有相同的价值观和行为规范。由于这种共同体特征，新产业区具有很强的区域一致性、信息的迅速扩散、柔性专业化、集体企业家、经济和社会的融合、竞争与合作的共存、很强的集团一致性等特征。新产业区理论的核心就是依靠内源力量来发展区域经济。区内各行为主体通过中介机构建立长期稳定的关系，结成一种合作网络，共同造成一种独特的区域经济环境，技术得到协调发展。新产业区，不能单纯依靠外力（外来资本和本地的自然资源禀赋等）得到发展，也不能通过凯恩斯式的政府干预来发展。它强调的是自立型发展而不是依附型发展。

新产业区理论将产业集聚形成的机制归为这样几个方面：一传统的产业集聚，包括马歇尔集聚、韦伯集聚、地域生产综合体、增长极、地区比较效益机制，都以工业化为时代背景，强调企业之间建立在垂直一体化基础上的物质联系，集聚的主要目的是为了节约运输成本、取得外部规模经济。二工业化后期以及信息社会，随着建立在现代科学技术与垂直分离基础上的多品种、少批量、定制式柔性生产方式的诞生，企业间与物质联系相伴的信息沟通越来越重要，即时生产使得供应商、生产商、客商三位一体，相互靠近，产业集聚的目的不再是运费的顾虑，而是交易费用的减少，同时外部规模经济也拓展到外部范围经济。在新产业区中，产业之间的地方联系是形成集聚的又一重要原因。三企业间的地方化网络联系，在相当程度上促成了产业集聚。既然企业间的关系是一种网络结构，企业围绕生产经营活动的一切活动都可以在价值链上得到体现。实践证明，公司总部与 R&D 部门具有在国际大都市周围集聚的倾向。处于不同生命周期的产业对地方环境的依赖不尽相同。高技术产业有其特有的集聚机制。在高技术产业中，对劳动“质量”与“有效性”的要求远高于对劳动“成本”的考虑。硅谷的经验表明，只有具备区域创新环境的地区才有可能生成成功的高科技产业集聚。

新产业区理论是近年来在西方发达国家发展起来的研究区域经济的一种理论。虽然，这一理论至今还不太完善，尚未成为一个相对稳定的理论体系，其某些设想在现阶段还不太现实，但新产业区理论是对传统某些思维定势的反思，对未来有着重要的参考价值。该理论的核心为强调自立型发展，强调企业的结网与本地化，这对于发展中国家区域经济发展具有多方面的启示意义。

随着经济的高速发展和电子商务的广泛利用，被誉为“第三方利润源”的现代物流业在世界范围内已蓬勃兴起，同时物流对经济发展的巨大贡献，已被许多国家的实践所证实。发展现代物流越来越受到各行各业重视，各地区政府也纷纷出台有关物流的政策法规，维护和促进区域物流的发展。经济的发展对物流产生巨大的需求，促使与物流相关的交通运输、仓储配送和邮电通信业等都有较快的发展。同时，物流业的发展也促进了地区经济的增长。这种全新观点得到了业内人士的关注和研究。

1.2.2 区域物流与区域经济的相关关系研究

目前，关于区域物流和区域经济增长关系的研究主要停留在定性、实证研究，定量方面的研究较少。

刘明菲从区域经济发展与产业结构发展的角度，指出了区域物流对提高区域经济活动效率和水平，带动区域产业结构升级，形成区域支柱产业的作用；曾文琦在区域经济极化理论的基础上分析了区域物流与区域经济的互动机理。张文杰运用区域经济理论与交易费用理论分析区域经济与物流的相互关系，提出经济的全球化，区域经济一体化，区域中企业对利润和核心竞争能力的追求，以及我国经济发展的现实促进了区域物流的发展，现代物流的发展也改变着区域经济的增长方式，促进新的产业形态的形成，优化区域产业结构，促进以城市为中心的区域市场的形成和发展的观点。

李文顺等人采用协整和误差修正模型对中国 1952 ~ 2002 年间的物流增量和经济增量间的长期和动态关系进行了研究，发现经济增量和物流增量间存在着可靠的协整关系。文章选取货运周转量作为物流水平或物流规模表征的指标，选取国内生产总值（GDP）作为全社会经济发展水平的宏观经济水平。单位根检验采用 ADF 方法，协整结果表明 GDP 增量时间序列和物流增量时间序列是一阶协整关系，具有长期稳定的均衡联动关系，并且发现本期的物流增量，以及上一期 GDP 的增量都对 GDP 增量存在着正相关性。

鞠颂东等人采用横截面数据，通过对西部物流总量、物流政策与制度、投资、人力资源、物流企业、物流技术及设施、管理水平等的分析，进行比较研究，确认西部物流的现状。

潘瑞玉采用浙江省 1978 ~ 2003 年的数据来研究该省物流业对经济增长的作用。文章选取物流业产值（包括交通运输、仓储、邮电通信业及批发和零售业等行业）和 GDP 作为研究对象。因果检验发现，物流业产值之间存在着互动关系。研究还发现，物流业产值对 GDP 有很大贡献，并且该贡献还具有时间效应。

李力等通过建立 VAR 模型，对 1996 ~2005 年间我国物流产业发展、国民经济和能源价格之间的关系进行了实证研究。研究结果发现，物流产业、GDP 和能源价格三者之间存在长期协整关系，物流产业与 GDP 之间存在单向因果关系，而且物流产业的发展对 GDP 增长起着相当重要的作用，但 GDP 增长对物流行业的发展影响并不显著，还发现能源因素对物流行业的发展起着一定的约束作用。

谭清美将旅客周转量折算为货物周转当量，用货物周转量与货物周转当量的和作为综合货物周转当量，来代表一个国家或地区的物流能力，对江苏省 1956 ~2001 年国内生产总值、物流能力、固定资产投资、从业劳动力和无形科技进步进行研究，建立广义最小二乘回归方程，计算出物流能力对江苏 GDP 增长的贡献率。最后得出结论，江苏面临的重要任务是在加强物流基础设施建设的同时，须合理调整物流系统结构、加强物流系统的信息化建设，尽快建成现代化的物流系统。谭清美的研究表明南京市物流能力随时间变化以三次多项式形式增长。

以上的区域物流与经济增长关系研究中，在方法上存在以下几点局限性：

(1) 各变量的观测值仅为时间序列数据或者横截面数据。在经济分析中，尤其是通过建立计量经济学模型进行的经济分析中，经常发现，只利用截面数据或者只利用时间序列数据不能满足分析目的的需要。比如，分析目前我国的区域物流问题，它既受各地区的区位、历史因素等因素的影响，也受到国家在各个时期宏观政策的影响。只利用截面数据，即选择同一时间上不同省市的数据作为样本观测值，可以分析各省市不同的因素对区域物流的不同影响，但是不能分析国家宏观政策对各省市物流的影响。只利用时间序列，即选择同一省市或者全国在不同时间上的数据作为样本观测值，可以分析国家的宏观政策对物流总的影响，但是不能分析不同地区物流个体特征。因此，将时间序列与横截面数据结合起来构成面板数据（Panel Data），即在不同时间上选择不同省市的数据作为样本观测值，无疑可以弥补横截面数据与时间序列数据的不足，使得研究结果更贴近真实的总体经济环境，也更精确地反映了客观事实。

（2）由于我国还没有一套完整的物流统计体系，因此在研究中出现了各种各样的指标表征物流水平。有的采用货物周转量与货运量作为物流水平的指标，有的采用物流业生产总值作为物流水平的指标。单独用这几个指标比较片面，而是将表征物流水平的指标分为三类，并且选取了代表物流信息化程度的指标。价值链管理是一种基于协作的策略，它把跨企业的业务运作连接在一起，共同实现一个市场机会，用价值链的思想驱动集成供应链上的各个节点的活动，将有效保证各个节点企业都能通过增加价值获得市场竞争优势。

（3）目前国内有关物流的实证研究皆是针对全国或者某个具体的省市进行分析，鲜有进行跨省研究的，而宏观数据时间跨度小这一局限，常常成为实际经验分析中的不足。因此，随着面板单位根检验及面板协整检验等方法的发展，采用面板技术在协整框架内对物流和经济增长的关系进行跨省比较研究将成为该领域新的研究动态。

1.3 区域物流系统及其规划的相关研究

区域物流是在某一经济区域内，物资从供方向需方的物质实体流动过程，它实现了物资的空间效用和时间效用及形质效用，是运输、储存、装卸、包装、流通加工、配送、信息处理等几种功能的有机结合体。

1.3.1 区域物流系统的组成

20 世纪 80 年代以来，美、日、欧等发达国家及地区开始了一场对各种物流功能、要素进行整合的“物流革命”。首先，企业内部物流资源整合和一体化，形成了以企业为核心的物流系统，物流管理也随之成为企业内一个独立的职能部门。其次，物流资源整合和一体化扩展到企业之间相互联系、分工协作的整个产业链条，形成了关联度高、以供应链管理为核心的物流系统，出现了为工商企业和消费者提供专业化服务的“第三方物流企业”。最后，一个区域范围的物流企业和物流系统对资源重新整合，发展成为区域物流系统平台。

区域物流系统是区域经济发展到一定阶段的产物，也是区域经济系统的一个重要组成部分，指区域之间及区域内部的货物运输、仓储、包装、装卸、流通加工、配送以及相关的信息传递等诸要素之间存在有机联系的总体。其特定功能运用区域经济的思想解决区域物流的各种主要问题，实现区域物流最佳化。

区域物流系统的体系框架是从系统工程的角度描述各组成要素、各要素的相互作用和层次结构、各要素之间的功能组合、信息传递，以及相互之间的依赖关系等。区域物流供应主体和需求主体通过区域物流服务平台共同构成了区域物流系统的主体框架。区域物流供应主体的作用机制是在特定的区域物流资源配置下，实现特定的区域物流服务功能，以满足区域物流需求主体的需要。区域物流服务平台是保证区域物流供需两大主体达到优化均衡的环境保障、技术保障与能力保障，如图 1-1 所示。

根据弗里德曼理论，区域物流系统的形成必然会出现中心与外围两个子系统，区域物流中心城市比外围地区有更多的优势条件。建立区域物流系统必须发挥区域中心城市的极化作用，构筑以中心城市为核心的区域物流体系，为区域物流的发展提供必要的基础支持。区域物流系统各组成部分之间的关系如图 1-2 所示。

区域物流系统组成从研究规划等政府行为角度来看，可以

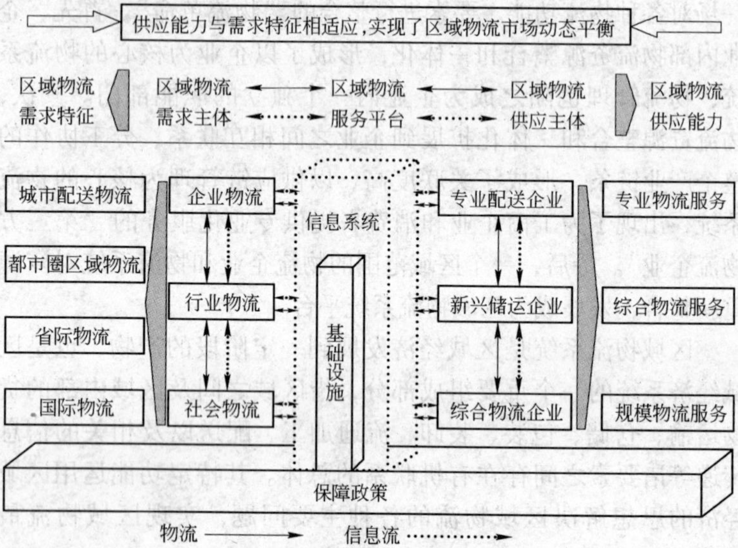

图 1-1　区域物流系统的体系框架

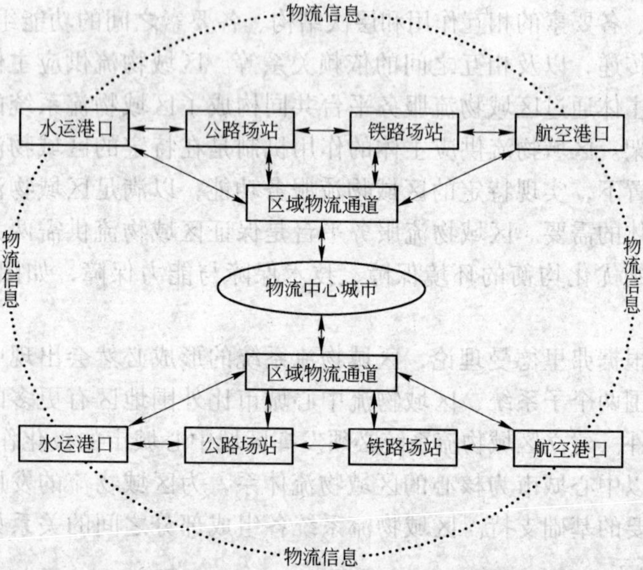

图 1-2　区域物流系统各组成部分之间的关系

归纳为“一个中心，两个组织，三个平台，五个主体”。

(1) 一个中心是指以构建区域核心竞争力为中心。

(2) 两个组织是指区域物流管理委员会和区域物流协会。

(3) 三个平台包括物流基础设施平台、物流信息系统平台和物流政策平台。

(4) 五个主体是指工商企业、物流企业、政府相关管理部门、高校和科研院所、金融部门。

1.3.2 区域物流系统规划的相关研究

区域物流规划是指在一个特定的区域范围内，结合国民经济和社会发展的长远计划和区域自然条件，对一定时期内区域物流的发展目标、区域物流基础设施建设、区域物流发展战略及对策等进行的系统设计。

节约学习成本，可以预防和解决区域物流与交通、城市建设、环境保护和居民生活等区域经济与社会发展的各种矛盾，节约发展成本。因此，制定合理的区域物流发展规划，是实现区域物流健康快速发展的第一步，而且是无法跨越的一步。

1.3.2.1 区域物流系统规划的内容

在全球经济一体化的背景下，物流服务水平和成本已经成为影响投资环境的关键因素，因此将物流系统建设从企业战略层面提升为社会基础建设战略层面十分必要，区域物流系统规划正是实现这一目标的重要前期工作。

区域物流规划包括区域物流总体规划、城市物流规划和物流园区规划三个层次。其中，区域物流总体规划是指对一个行政区域或若干个行政区域联合体的物流发展所进行的规划。区域物流总体规划是最基本、最高层次的区域物流规划，也是其他层次区域物流规划的基础；城市物流规划是指在区域物流总体规划的基础上，对一个城市的物流发展所进行的规划，是从属于区域物流总体规划的第二个层次的区域物流规划；物流园区规划是指在区域物流总体规划、城市物流规划的基础上，对某个物流园区的物流发展所进行的规划。所谓物流园区是指物流设施、物流网点、物流企业和物流业务等高度集中的空间区域。一个城市，特别是大城市往往存在若干个各具特色的物流园区。因此，物流园区规划从属于城市物流规划，是城市物流规划的重要组成部分。

区域物流规划主要是在区域物流需求的种类、流量、流向等预测的基础上，对不同层次的物流设施（如区域物流中心、城域物流中心、城市配送中心等）的总体布局和建设数量、规模、功能定位和服务水平等方面进行研究，主要有以下三方面：(1) 区域内物流设施网络规划，即物流中心、配送中心建设规模、数量、位置；(2) 区域内物流设施的功能定位：服务范围、对象及所要求的服务水平；(3) 区域内各层次物流设施间的相互协作关系。

区域物流系统规划通常采用定量计算和定性分析相结合的方法。首先，对区域物流系统的现状进行分析，找出其中存在的问题，并对区域物流需求进行预测；其次，根据规划区域的实际情况确定区域物流系统规划方法；再次，进行区域物流基础设施子系统规划和区域物流信息支持子系统规划，其中包括区域物流网络规划和中心城市物流园区规划等内容；最后，对规划方案进行评价。区域物流系统的规划流程可以用图 1-3 表示。

1.3.2.2 区域物流系统规划的特点

区域物流系统规划将对象视为一个相互联系的有机整体，从全局出发进行综合分析，从整体上进行宏观控制。区域物流系统规划有三大特点：

(1) 区域物流系统规划是综合规划。其综合性表现在两个方面：一是区域物流系统规划涉及数学、运筹学、管理学、经

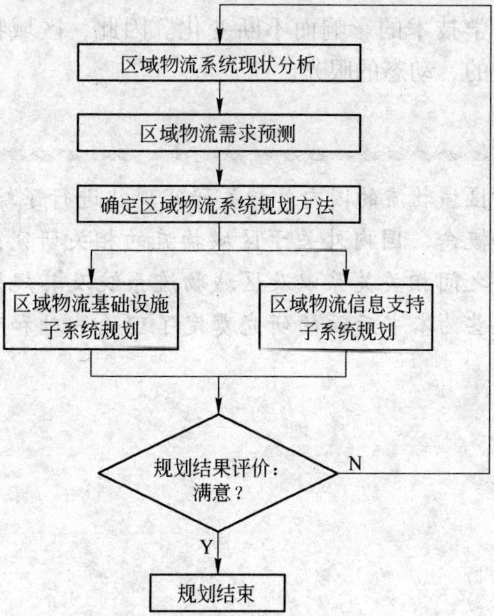

图 1-3 区域物流系统规划流程

济学，以及城市规划、交通规划、工程建设等多个技术领域。二是物流涉及生产、流通、消费及后消费领域，甚至军事领域，涵盖了几乎全部社会产品在社会与企业中的运动过程，是一个非常庞大而且复杂的领域。

（2）区域物流系统规划是过程规划。物流业的发展要经过萌芽期、起步期、发展期，逐步走向成熟期。区域物流系统规划要注重物流业发展各阶段的发展过程，制定相应的发展目标、发展方案和实施办法。

（3）区域物流系统规划是动态规划。物流系统本身及其所处的环境复杂多变，决定了区域物流系统规划的动态性。宏观上，社会经济政策不断调整，城市建设和发展不断推进，国际政治经济风云变化等都要求物流系统规划有适应变化的空间和能力；微观上，物流企业生产管理、基础设施和科技含量受宏观政策、科学技术的影响而不断变化。因此，区域物流系统规划要有发展的、动态的眼光。

本章对区域物流的国内外相关研究现状进行了综述，包括：区域物流的概念、国内外关于区域物流的相关研究；区域物流与区域经济之间相关关系以及区域物流系统及其规划方面的相关研究。这些为本书后面的研究奠定了理论基础和可以借鉴的经验。

2 区域物流需求预测方法及其应用

需求预测是进行区域物流规划的依据。需求预测的准确与否，直接关系到规划设计的科学性与合理性。

2.1 常用的区域物流需求预测方法

需求预测方法种类繁多，每种方法都有各自的特点和适用范围。一般可分为定性预测法和定量预测法两类。

（1）定性预测法又可以称为经验判断法。它是根据已掌握的历史资料和现实材料，以人的经验、事理等主观判断为依据，对事物未来发展的性质作出描述，强调对事物发展的趋势、方向和重大转折点进行预测。

（2）定量预测法又可以称数学分析法，它是在分析相关资料的基础上，根据预测目标，利用预测对象的历史和现实数据，按变量之间的函数关系建立数学模型，从而计算出预测对象的预测值。

单一预测模型的假设条件及适用范围总存在着这样或那样的局限性，因此在实际应用中，很多时候都要结合预测对象所处环境及其各种影响因素的变化趋势，采用定性分析和定量预测相结合的组合方法。

1969 年，J. M. Bates 和 C. W. J. Granger 开创性地提出并证明了两种无偏的单项预测可以组合出优于每个单项预测的组合预测方法，以此为起点，国内外有关组合预测方法的研究和应用发展很快，并取得了很大进展。组合预测本质上是将各种单项预测看做代表不同信息的片段，通过信息集成分散单个预测特有的不确定性，从而减少总体的不确定性，以达到提高预测精度的目的。

在组合预测的实施过程中，也要注意组合的合理性，盲目组合也有可能导致比单个预测程序更差的性能，反而使预测精度降低。所以，组合前有必要对参加组合的各单项预测方法进行有效性分析，充分利用各单项预测方法的有用信息，保证组合预测精度的提高。

国内外学者针对物流需求建立了较多的预测模型，这些模型中的绝大多数是利用物流需求的历史数据本身来进行预测，如投入产出和空间价格相结合的物流需求分析模型、货运量预测的逐步线性回归方法、基于时间序列的非线性航空服务需求模型、货物需求预测时空多项概率模型等。基本的预测方法可以归纳为定性预测法、定量预测法和定性定量综合预测法三类。

2.1.1 定性预测方法

定性预测方法又称为经验判断法。它是根据已掌握的历史资料和现实材料，以人的经验、事理等主观判断为依据，对事物未来发展的性质作出描述，强调对事物发展的趋势、方向和重大转折点进行预测。它适用于缺少历史统计资料，需要更多依赖专家经验的情况。定性预测的方法很多，应根据预测的内容和特点来进行选择，常用的定性预测法有头脑风暴法、特尔斐法、市场调查法、专家评估法、主观概率法、交叉影响法等等，这些方法应根据具体情况，灵活应用。

由于定性预测方法主要是凭借个人的知识、经验和分析能力来对事物未来发展性质、趋势进行预测，因此缺乏成套的数学模型，难以对事物发展做出数量上的精确度量。因此应用时必须注意如下问题：

（1）由于定性预测的特点，其受人的主观因素的影响大，因此，在预测时专家的选择是非常重要的。

（2）在进行市场调查研究及收集资料时，应尽量使定性分析的结果数量化。

（3）要提高经济预测的质量，应注重定性预测和定量预测相结合。

2.1.2 定量预测方法

2.1.2.1 回归分析

回归分析法是根据预测对象与相关事物的内在联系，确定预测对象未来发展的一种预测方法。因此，回归分析法的应用有两个前提：一是要了解预测对象与相关事物的内在联系；二是要了解相关事物的未来发展规律。就物流需求预测而言，回归分析法的两个应用前提：一是要了解物流需求与国民经济或物流量之间的内在联系；二是要了解国民经济或物流业的未来发展规律。

A 一元线性回归分析

一元线性回归分析模型：$y = \beta_0 + \beta_1 x + \varepsilon$。预测对象 y 由两部分叠加而成：一部分 $\beta_0 + \beta_1 x$ 是 x（自变量）的线性函数（β_0、β_1 为未知模型参数，也称为回归系数），x 是可控或可预测的随机变量；另一部分是不可预测随机因素 ε（如自然灾害、突发事件等不可预知因素），随机因素的总和应满足：$E\varepsilon = 0$，$D\varepsilon = \sigma^2 < \infty$（$\varepsilon$ 未知）。

一元线性回归是较常用的一种回归方法。它的优点是计算简便，但在许多实际情况中，数据之间并不一定存在良好的线性关系，响应变量 y 与预报变量 x 之间也有可能呈指数关系、对数关系等，因此，需要对其进行线性变换后再用线性回归方法进行预测。

B 多元线性回归分析

在回归预测中，预测对象 y 可能受多个因素 $x_i(i = 1, 2, \cdots, m)$ 影响（如社会零售商品总额、工农业总产值及其构成、地区总人口、人均国民收入、人均消费水平等指标对区域物流需求的影响），假定各个 x_i 互不相关，则 x_i 与 y 的相关关系可以近似用线性函数：$y = \beta_0 + \beta_1 x_1 + \beta_2 x_2 + \cdots + \beta_m x_m + \varepsilon$ 表示，其中 x_i 为可预测随机变量，β_0，β_1，β_2，…，β_m 为未知参数，ε 是不可预测的随机误差，满足 $E\varepsilon = 0$，$D(\delta) = \sigma^2 < \infty$（$\varepsilon$ 未知），则可建立多元线性回归预测模型进行预测，其基本形式为：$\hat{y} = \beta_0 + \beta_1 x_1 + \beta_2 x_2 + \cdots + \beta_m x_m$，其中 β_0，β_1，β_2，…，β_m 称为回归因子，它反映了预报变量 $x_i(i = 1, 2, \cdots, m)$ 对预测对象 y 贡献的大小。

在实际应用中总希望用于未来预测与控制的回归方程中包含所有对 y 有显著影响的自变量，而且要方程所包含的自变量尽可能少，即希望回归方程是最优的线性回归方程，这就要求进行“最优选择”，主要有全部比较法、只出不进法、逐步回归法，其中逐步回归法计算量不大，又有较成熟的计算程序可供使用，故应用较多。

2.1.2.2 灰色模型

灰色模型的理论思想是将离散变量连续化，用微分方程代替差分方程，用生成数序列代替原始时间序列，弱化原始时间序列的随机性，再通过一定的步骤生成数的数学模型。在物流需求预测中，灰色预测法是充分利用物流量统计资料本身所隐含的信息，进行物流需求预测的方法，这种方法适用于物流量统计资料较少或不连续的情况，但预测精度较低。在进行区域物流需求预测时，可以根据各种预测方法的适用条件，结合物流统计资料的实际特点，合理选择上述预测方法进行物流需求预测。

灰色预测方法以灰色模块为基础，用微分拟合法建立自累加模型，主要用于单变量时间序列预测，其中 GM（1，1）模型是灰色系统理论的具体应用，该模型为单序列一阶动态模型，它以给定的原始时间序列 $X^{(0)}$ 为基础，建立连续微分方程。

（1）数据处理。若给定原始时间数据数列为：$X^{(0)} =$

$(X^{(0)}(1), X^{(0)}(2), \cdots, X^{(0)}(n))(X^{(0)}(i) \geqslant 0)$，这些数据多为无规律的、随机的、有明显的摆动。若将原始数据列进行一次累加生成即1-AGO（accumulating generation operator），获得新的数据列：

$$X^{(1)} = (X^{(1)}(1), X^{(1)}(2), \cdots, X^{(1)}(n))$$

式中，$X^{(1)}(i) = \sum_{t=1}^{i} X^{(0)}(t)(i = 1, 2, \cdots, n)$，$X^{(1)}$ 为原始时间序列 $X^{(0)}$ 的累加生成值。新生成的数据列为一条单调增长的曲线，从而增加了原始数据列的规律性，弱化了波动性。

（2）建立微分方程。灰色系统建模思想是直接将时间序列转化为微分方程，从而建立抽象系统的发展变化动态模型，即grey dynamic model，简记为GM。GM(1, 1)即表示含有一个变量的一阶微分方程的动态模型。

GM(1, 1)模型一阶微分方程为：

$$\frac{\mathrm{d}X^{(1)}(t)}{\mathrm{d}t} = aX^{(1)}(t) = u$$

（3）估计参数 a，u。应用最小二乘法可得：

$$\hat{a} = \begin{pmatrix} a \\ u \end{pmatrix} = (B^T B)^{-1} B^T X_n$$

式中 $B = \begin{pmatrix} -\frac{1}{2}(X^{(1)}(1) + X^{(1)}(2)) & 1 \\ -\frac{1}{2}(X^{(1)}(2) + X^{(1)}(3)) & 1 \\ \vdots & \vdots \\ -\frac{1}{2}(X^{(1)}(n-1) + X^{(1)}(n)) & 1 \end{pmatrix}, X_n = \begin{pmatrix} X^{(0)}(2) \\ X^{(0)}(3) \\ \vdots \\ X^{(0)}(n) \end{pmatrix}$

（4）代入参数，一阶微分的GM(1, 1)预测模型为：

$$\hat{X}^{(1)}(t+1) = \left(X^{(1)}(0) - \frac{u}{a}\right)\mathrm{e}^{-at} + \frac{u}{a}$$

当已知数列较短，难以建立长期预测模型；数列数值变化很大，模型所得预测区间过大；系统明显受外部因素控制或干扰时，利用 GM(1, 1) 直接预测，很难求得满意结果。这时可采用等维灰数递补动态预测方法，即用由已知数列建立的 GM(1, 1) 模型预测一个值，而后将这个预测值补充在已知数列后，同时去掉最老的一个数据，保持数列等维，再建立 GM(1, 1) 模型，预测下一个值，将其结果再补充到数列之后，再去掉最老数据，如此逐个预测，依次递补，直到完成预测目标或达到一定精度为止。

2.1.2.3 指数平滑

指数平滑法认为越近期的数据越有价值，数据的重要程度按时间上的近远呈非线性递减，指数平滑值是时间序列数据非等权的加权平均。指数平滑法分为一次指数平滑、二次指数平滑、三次指数平滑，其中二次指数平滑用于实际数据序列具有较明显的线性增长倾向，三次指数平滑用于实际数据有非线性增长倾向。

A 一次指数平滑

设 x_t 为时间序列中时间点 t 的观测值，则在第 t 时间点的数据平滑值 $S_t^{(1)}$ 为：

$$S_t^{(1)} = \alpha x_t + (1 - \alpha) S_{t-1}^{(1)}$$

式中，α 为平滑常数，即加权系数。迭代计算时，初始值 $S_0^{(1)}$ 的确定可以采用专家评分法。取 1，2，3 期观察值加权平均；用第一期观察值 $S_0^{(1)} = x_1$。

指数平滑法用平滑系数 α 来实现不同时间的数据的非等权处理，平滑系数 α 的选取一般根据实际序列的特点和经验来考虑。如果时间序列的长期趋势比较稳定，应取较小的 α 值，如 (0.05 - 0.2)；如果时间序列具有迅速明显的变动倾向，则应取较大的 α 值，如 (0.2 - 0.7)，使时间序列中最近数据的作用更多地反映在预测中。

B 二次指数平滑

二次指数平滑是以相同的平滑系数 α，对一次指数平滑数列 $S_t^{(1)}$ 再进行一次指数平滑，构成时间序列的二次指数数列 $S_t^{(2)}$：

$$\begin{cases} S_t^{(1)} = \alpha x_t + (1-\alpha) S_{t-1}^{(1)} \\ S_t^{(2)} = \alpha S_t^{(1)} + (1-\alpha) S_{t-1}^{(2)} \end{cases}$$

C 三次指数平滑

在二次指数平滑基础上对时间序列进行三次指数平滑，得到 $S_t^{(3)}$：

$$\begin{cases} S_t^{(1)} = \alpha x_t + (1-\alpha) S_{t-1}^{(1)} \\ S_t^{(2)} = \alpha S_t^{(1)} + (1-\alpha) S_{t-1}^{(2)} \\ S_t^{(3)} = \alpha S_t^{(2)} + (1-\alpha) S_{t-1}^{(3)} \end{cases}$$

D 指数平滑预测模型

对经过处理的数据（平滑值）再作适当计算即可构成下述预测模型：

$$\begin{cases} \text{线性模型为}: y_{t+T} = a_t + b_t T \\ \text{非线性模型为}: y_{t+T} = a_t + b_t T + c_t T^2 \end{cases}$$

式中，y_{t+T} 为 $t+T$ 时刻预测值，而 T 就是以 t 为起点向未来伸展到 T 时刻，即 t 以后模型的外推时间。模型中参数 a_t，b_t，c_t 可按下述关系得到：

$$\text{线性模型}: \begin{cases} a_t = 2S_t^{(1)} - S_t^{(2)} \\ b_t = \dfrac{\alpha}{1-\alpha}(S_t^{(1)} - S_t^{(2)}) \end{cases}$$

$$\text{非线性模型}: \begin{cases} a_t = 3S_t^{(1)} - 3S_t^{(2)} + S_t^{(3)} \\ b_t = \dfrac{\alpha}{1-\alpha}[(6-5\alpha)S_t^{(1)} - 2(5-4\alpha)S_t^{(2)} + (4-3\alpha)S_t^{(3)}] \\ c_t = \dfrac{\alpha^2}{2(1-\alpha)^2}(S_t^{(1)} - 2S_t^{(2)} + S_t^{(3)}) \end{cases}$$

2.1.2.4 神经网络法

人工神经网络（Artificial Neural Network，ANN，简称神经网络）是人工智能学科中的一个分支。一个是基于人类思维活动的所谓符号（逻辑）主义，专家系统的成功开发与应用，为人工智能走向工程实际和理论联系实际作出了重要贡献；另一个是模拟大脑微观结构、神经网络的连接机制和学习算法的连接主义。前者一度称为AI研究的主流，而后者由于技术条件的限制曾经一度徘徊不前，直到20世纪80年代中期，Hopfield网络和Rumelhart的BP（Back Propagation）算法的成功，才为其注入了新的活力。目前对人工神经网络的研究和应用正方兴未艾。

神经网络用于预测有三种方式：趋势预测、回归预测和组合预测。在趋势预测法中，通过神经网络将时间序列的历史数据映射到未来数据；在回归预测中，通过神经网络分析各个相关因素与预测样本的关联程度，然后把各相关因素的未来值作为时间序列的历史数据映射到未来数据；组合预测时，则给出在一定误差评定模式下，神经网络与常规预测方法的组合。趋势预测和回归预测时，虽然样本不同，但对样本预处理的方法基本相同，预测的步骤也基本相同。

2.1.3 定性预测与定量预测的综合方法

在许多预测中，人们往往只重视定量预测，片面追求预测误差最小，而忽视了定性预测。对于区域物流需求预测来说，我们必须结合预测对象所处环境及其各种影响因素的变化趋势，参考相关专家的意见，综合分析预测值是否合理，是否需要进行调整，从而确定最终的预测值。定性预测与定量预测的结合运用，主要有三种方法：

（1）定量修正定性法。即先做定性预测，然后用定量的方法修正定性的预测结果，因为定性预测结果在很大程度上受预测者的知识水平和经验影响，其结果可能存在系统偏差和回归偏差。在做出定性预测后，再用定量方法来对定性预测所产生的这些偏差进行修正。

把一个预测结果的均方差分成三个部分：

$$M = (\overline{Y} - \overline{F})^2 + (S_F - \rho S_Y)^2 + (1 - \rho)^2 S_Y^2$$

其中，$\overline{Y}$ 和 $\overline{F}$ 分别表示实际值和预测值的均值；S_Y 和 S_F 分别表示实际值和预测值的标准差（即各值与均值差的平方和，开方后再平均）；ρ 表示预测值和实际值的相关系数。$(\overline{Y} - \overline{F})^2$ 代表均值的偏差，这是预测值的整体偏差，或者称为系统偏差。$(S_F - \rho S_Y)^2$ 代表回归偏差，表示预测值未能追踪实际值的程度。$(1 - \rho)^2 S_Y^2$ 代表预测中的随机误差。根据最小二乘法，利用历史数据把均值偏差和回归偏差去除，这需要用到一个优化线性修正方程，形式如下：

$$Y_t = \hat{a} + \hat{b} F_t$$

其中，Y 是 t 时刻的实际值；F 是 t 时刻的预测值。

假设在 $1 - n$ 时刻的实际值为 y_1，y_2，…，y_n，预测值为 f_1，f_2，…，f_n，我们可以根据这两组数据，用最小二乘法得出它们的关系式，再对 $n+1$ 时刻的定性预测值用此公式来修正，就可以得出更为准确的 $n+1$ 时刻的预测值。

(2) 定量包括定性预测的量化方法。即将定性、定量预测结果进行组合的方法。这样可以充分利用有价值的信息，提高预测效果。有学者认为当数据趋势不稳定，难以确定定性、定量预测的权重时，采用简单平均就是最合适的方法。

组合预测的误差方差、定量预测的误差方差和定性预测的误差方差有如下关系：

$$\sigma_c^2 = 0.25(\sigma_s^2 + \sigma_j^2 + 2r\sigma_s\sigma_j)$$

其中，σ_s^2 是定量预测的误差方差，而 σ_j^2 是主观预测的误差方差，r 是两种预测误差之间的相关系数。

当 $\frac{\sigma_j}{\sigma_s} > \frac{r+(r^2+3)^{0.5}}{3} = \Phi$ 或 $\frac{\sigma_j}{\sigma_s} < \frac{1}{\Phi}$ 时，组合预测的误差方差小于主观预测的误差方差。

在上面的组合预测中，如果实际值的均值和主观预测值的均值存在系统偏差，则组合预测的效果要打折扣。如果主观预测和统计预测的均值误差分别用 v 和 w 表示，则组合预测的均方差为：

$$M = 0.25[(\sigma_s^2 + \sigma_j^2 + 2r\sigma_s\sigma_j) + (v+w)^2]$$

如果统计预测是无偏估计，则主观预测的均值偏差是 v^2。

(3) 定性修正定量法。即假定事物的发展趋势不发生变化，先用定量法预测，然后再用定性法判断其趋势走向，修正定量预测结果，最后作综合预测分析。

用定性分析修正定量预测结果时要谨慎，如果影响预测目标的外部环境和内部因素比较稳定，将来不会有特别事件发生，仅用定量预测方法就能达到很好的效果；但当外部环境和内部环境各因素发生变化时，或者有特别事件发生时，就必须用定性分析对定量预测进行修改。对于区域物流需求预测，由于物流量的多少易受各种相关因素的影响，所以需考虑用定性法对定量结果进行修正。同时，为了避免对定量预测频繁进行修正，预测者应该仔细考虑以下三个问题：

1）是否需要修改。预测者在面对定量预测结果时就要考虑这个问题，这个问题的目的就是尽量避免随便修改定量预测结果。

2）调整的理由。这个问题的目的也是尽量减少不必要的调整，通过对调整理由的逐项分析，使预测者的思路更加清晰、系统化。

3）需要调整的幅度。预测者应认真分析各种影响因素可能会对定量预测结果产生影响的大小，尽量把各种影响因素的影响效果量化，从而得出最可能出现的结果。

2.2 集对分析方法及其在预测中的应用

以上介绍的各种预测方法一般是基于历史数据和专家经验来作出预测的，但是当社会经济环境发生较大变化时，物流的需求量会随着经济状况的变化也发生较大的变化，而这种变化在基于历史数据的预测方法中不能得到有效的体现。集对分析预测法通过建立物流需求量与社会经济发展指标之间的关系来对未来的物流需求量进行预测，很好地解决了这个问题。同时，物流需求量与经济发展之间又有着很多不确定的关系，集对分析正是分析这种不确定关系的一种有效方法，因此这里选用集对预测分析法对物流需求量进行预测。

2.2.1 集对分析的基本概念

集对分析（Set Pair Analysis，SPA）是由我国学者赵克勤提出的一种新的系统分析方法，其核心思想是把确定性与不确定性作为一个相互联系、相互制约、相互渗透，又在一定条件下相互转化的确定-不确定系统。集对分析法已广泛应用于政治、经济、军事、社会生活等各个领域。

所谓集对，就是具有一定联系的两个集合所组成的对子，集对分析的基本思想是对系统作同、异、反三方面分析并加以定量刻画，建立起一定的数学表达式后再去作进一步的深入研究，就是将系统内确定性与不确定性予以辩证分析与数学处理，体现了系统、辩证、数学三大特点。该理论认为，不确定性是事物的本质属性，并将确定性与不确定性作为一个系统进行综合考察。

在集对分析中，两个集合的同一性一般是指两个集合共同具有某些特性的情况，其同一度在不计较特性权重的情况下，就是这两个集合共同具有的特性个数与这两个集合特性总个数的比值。但如果所论两个集合恰好是两个非负有理数时，则它们的同一度就是较小的那个有理数与较大的那个有理数之比值。集对分析将确定性分成“同一”与“对立”两个方面，而将不确定性称为“差异”，从同、异、反三方面分析事物及其系统。同、异、反三者互相联系、互相影响、互相制约。由此，建立起在指定问题背景下的一个联系度表达式：

$$\mu = \frac{S}{N} + \frac{F}{N} \times i + \frac{P}{N} \times j$$

式中，N 表示集对特性总数；S 表示集对相同的特性数；P 表示集对中相反的特性数；F 表示集对中既不相同又不相反的特性数，$F = N - S - P$；i 表示差异度标示数，$i \in [-1,1]$；j 表示对立度标示数，一般 $j = -1$。而 S/N、F/N、P/N 分别称为组成集对的两个集合在问题 w 背景下的同一度、差异度、对立度，分别用字母 a、b、c 表示，从而上式可以改写为：

$$\mu = a + bi + cj$$

显然有：$a + b + c = 1$。式中的 μ 称为两个集合的联系度，严格地说是问题背景和分析过程的一个函数，通常情况下它是有关两个集合或一个系统在指定问题背景和某个分析过程下所得到的同一度、差异度、对立度的代数和式。其中：a 和 c 是相对确定的，而 b 是相对不确定的，这种相对性是由于客观对象的复杂性和可变性，以及对客观对象认识与刻画的主观性和模糊性造成的不确定性。因而 $\mu = a + bi + cj$ 是一种确定不确定结构函数，它体现了确定不确定系统的对立统一关系，具有深刻的方法论意义。

集对分析的优势在于将事物除了分出正和负两种状态之外，还界定出一种不确定的状态，使问题更加全面；并且通过联系度表达式，将对立、同一以及不确定有机地结合在一起，具有系统性，有利于决策者考虑周全；现实生活中，很多决策问题其实都不止正反两面，其中包括了很多复杂的环节和不确定性，对模糊区域的界定和正反两面一样，都需要客观地科学计算，集对分析凭借其计算客观性，在处理现实问题时很好地发挥了作用。

2.2.2 集对分类预测的基本步骤

将集对分析理论与实际领域的专业知识相结合，使人们按一定的程序或规律去识别待预测事物所属类别从而达到预测目的的方法，称为 SPA 分类预测法。具体步骤如下。

设待预测的事物为 N，相应的待预测系统为 B。

（1）确定事物 N 的分类模式系统。设 N 的可能分类集合为 $A=(A_1, A_2, \cdots, A_n)$。

（2）建立描述事物 N 的分类模式系统与参照系统的同异反联系向量。$\boldsymbol{\mu_k}=(a_k, b_k, c_k)$ 表示第 k 个分类模式系统 A_k 与参照系统组成集对后得到的同异反联系向量，也可记成联系度：

$$\mu_k = a_k + b_k i + c_k j \quad (k = 1,2,\cdots,n) \tag{2-1}$$

若各分类模式系统 A_k 与 m 个因素有关，记第 k 个分类模式系统 $A_k(k=1, 2, 3)$ 与参照系统组成集对后关于第 t 个因素 $(t=1, 2, \cdots, m)$ 的同异反联系度为 μ_k，则相应地有 m 个联系度 $\mu_k^1, \mu_k^2, \cdots, \mu_k^m$，则联系度 $\mu_k = a_k + b_k i + c_k j$ 可以从这 m 个联系度得到。

若分类系统与参照系统的联系度对各个因素的依赖程度不同，或者说各个因素对分类的重要性有大小之分，以权系数来表示各个因素的重要程度。权系数的大小对于联系度具有举足轻重的作用，不同的权系数会得出不同的结论。因此应尽量合理地确定权系数。权系数记为 $\alpha=(\alpha_1, \alpha_2, \cdots, \alpha_m)$，其中：

$$\sum_{k=1}^{m} \alpha_k = 1$$

此时，联系度 $\mu_k = a_k + b_k i + c_k j$ 可视为这 m 个联系度 μ_k^1，

μ_k^2, …, μ_k^m 的加权平均联系度，其中，a_k、b_k 和 c_k 分别为 m 个同一度、差异度、对立度的加权平均值。

$$\mu_k = \alpha_1\mu_k^1 + \alpha_2\mu_k^2 + \cdots + \alpha_m\mu_k^m = \sum_{i=1}^{m}\alpha_i\mu_k^i \tag{2-2}$$

（3）建立描述事物 N 的待预测系统 B 与参照系统的同异反联系向量。

$\boldsymbol{\mu}_k = (a, b, c)$ 对待预测系统 B 与参照系统组成集对后得到的同异反联系向量，或记为联系度

$$\mu = a + bi + cj \tag{2-3}$$

（4）计算同异反距离。设 $\rho_k(k = 1, 2, \cdots, n)$ 为同异反联系向量 $\boldsymbol{\mu}_k$ 与 $\boldsymbol{\mu}$ 的距离，称为同异反距离。

$$\rho_k = \sqrt{(a_k - a)^2 + (b_k - b)^2 + (c_k - c)^2} \quad (k = 1,2,\cdots,n) \tag{2-4}$$

（5）确定待预测系统 B 所属的类别。比较各个同异反距离 $\rho_k(k = 1, 2, \cdots, n)$ 的大小，若 $\rho_{k_0=} = \min(\rho_1, \rho_2, \cdots, \rho_n)$，则认为待预测系统 B 与分类模式系统 A_{k_0} 最接近，因而可以把 B 归入模式 A_{k_0}，此即同异反模式识别的择近原则。若记 X_k^0 为各个分类系统的中心，则 B 的预测值可以由下式计算：

$$x = \frac{\sum_{k=1}^{n}\frac{x_k^0}{\rho_k}}{\sum_{k=1}^{n}\frac{1}{\rho_k}} \tag{2-5}$$

2.3 区域物流需求预测技术的应用

2.3.1 数据资料获取及处理

这里以我国东北地区为例，说明基于集对分析的区域物流

预测技术的应用。衡量区域物流需求量的指标有很多，如表 2-1 所示。

表 2-1 区域物流需求规模衡量指标

指标种类	划分标准	指标设置
物流需求规模指标	从货运规模角度	货运量、货运周转量
	从物流费用角度	社会物流总成本、物流成本占 GDP 的比重
	从固定资产角度	物流固定资产投资总额
	从产业人员角度	从业人数及其占总就业人口比例

在表 2-1 中，货运周转量是最常见的衡量物流需求的单个指标，一方面货运周转量指标比较系统，另一方面，在各类统计报表中也有该项统计数据，因此这里也选择货运周转量指标作为东北地区物流需求量的衡量指标。

物流业务的发生、发展与周围很多因素都有关系，因此对区域物流需求预测有重大影响的经济指标一般可以从以下四个方面来设置：

（1）区域经济总量指标：国内生产总值（GDP）、人均国内生产总值；

（2）区域产业结构指标：工业总产值、农业总产值、建筑业总产值、第三产业总产值；

（3）区域内外贸易指标：区域内零售总额、区域外贸总额；

（4）区域消费水平指标：人均收入、人均消费水平。

在这里，我们选择物流需求发展与第一、第二和第三产业的国内生产总值有密切的关系，来考察东北地区第一、二、三产业的生产总值与货物周转量之间的历史数据（表 2-2），再得到第一、二、三产业的年增长倍数与货物周转量（表 2-3），从而找出它们之间的关系，并进行预测。

表 2-2 东北地区第一、第二、第三产业生产总值与货物周转量的历史数据 （亿元）

年份		1998	1999	2000	2001	2002	2003	2004	2005	2006	2007	2008
第一产业	辽宁	485. 38	531. 46	520. 8	503. 44	544. 44	590. 2	615. 8	769. 9	882. 41	976. 37	1133. 4
	吉林	368. 16	429. 5	423. 48	398. 73	409. 1	446. 17	486. 9	560. 96	625. 61	672. 76	783. 8
	黑龙江	484. 81	463. 05	377. 23	357	409. 3	447	500. 8	587. 76	684. 6	737. 59	915. 38
	合计	1338. 35	1424. 01	1321. 51	1259. 17	1362. 84	1483. 37	1603. 5	1918. 62	2192. 62	2386. 72	2832. 58
第二产业	辽宁	1743. 87	1855. 22	2001. 48	2344. 4	2440. 55	2609. 85	2898. 89	3278. 88	3953. 28	4729. 5	5858. 1
	吉林	575. 43	597. 29	671. 74	800. 28	880. 84	978. 37	1143. 39	1379. 31	1580. 83	1915. 29	2475. 45
	黑龙江	1449. 25	1506. 76	1587. 76	1868. 55	1998. 74	2169. 15	2532. 45	3155. 33	2971. 68	3365. 31	3695. 58
	合计	3768. 55	3959. 27	4260. 98	5013. 23	5320. 13	5757. 37	6574. 73	7813. 52	8505. 79	10010. 1	12029. 13
第三产业	辽宁	1260. 81	1495. 05	1649. 41	1821. 22	2048. 09	2258. 17	2487. 85	2823. 87	3173. 32	3545. 28	4036. 99
	吉林	503. 32	530. 99	574. 34	622. 18	742. 54	821. 58	892. 33	1017. 94	1413. 83	1687. 07	2025. 44
	黑龙江	774. 4	863. 03	932. 42	1027. 45	1152. 96	1266. 01	1396. 75	1559. 92	1855. 22	2086	2454. 04
	合计	2538. 53	2889. 07	3156. 17	3470. 85	3943. 59	4345. 76	4776. 93	5401. 73	6442. 37	7318. 35	8516. 47
地区生产总值		7645. 43	8238. 4	8730. 01	9743. 25	10626. 56	11686. 5	12955. 16	15133. 86	16992. 62	19728. 17	23373. 18
货物周转量（亿吨·km）		2538. 7	2800. 8	2988. 7	3155. 8	3239	3314. 5	3907. 6	4641	5123. 8	5866. 8	6570. 82

数据来源：各省历年统计年鉴。

基于表2-2得到第一、第二、第三产业年增长倍数和东北地区货物周转量（这里的年增长倍数定义为该年的值与上年的值之比），见表2-3。

表2-3 东北地区第一、第二、第三产业的年增长倍数与货物周转量

年份	第一产业指数	第二产业指数	第三产业指数	货物周转量
1999	1.0877	1.084	1.0913	1.103
2000	1.0317	1.089	1.095	1.067
2001	0.974	1.113	1.1103	1.056
2002	1.0643	1.094	1.1023	1.026
2003	1.076	1.1033	1.1053	1.023
2004	1.0517	1.1283	1.0983	1.179
2005	1.0937	1.1457	1.1037	1.188
2006	1.0884	1.1377	1.1087	1.104
2007	1.0654	1.1617	1.1327	1.145
2008	1.031	1.1763	1.1383	1.120

根据上述1999～2008年的历史资料为分类样本，该地区货物周转总量的年增长倍数在1.023～1.188之间，将样本按照货物周转量的年增长倍数分成3类（即 $n=3$），表2-4给出了各类样本的货物周转量年增长倍数范围和三个因子（即3个产业的增长倍数，$m=3$）的平均值（$\bar{x}_1$、$\bar{x}_2$ 和 $\bar{x}_3$）。

表2-4 货物周转量年增长倍数的分类样本数据

类别	增长倍数取值范围	各类样本数	因子均值		
			$\bar{x}_1$	$\bar{x}_2$	$\bar{x}_3$
A_1	[1.023, 1.070)	4	1.0365	1.099825	1.103225
A_2	[1.070, 1.130)	3	1.069033	1.132667	1.112767
A_3	[1.130, 1.200]	3	1.070267	1.145233	1.111567

2.3.2 建立各类样本与参照系统的联系度

记第 k 个分类样本 A_k（$k=1, 2, 3$）与参照系统组成集对

后关于第 t 个因素（$t=1$，2，3）的同异反联系度为 $\mu_k^t = a_k^t + c_k^t \times j$，其中经过分析同一度取为 $a_k^t = \overline{X}_t/2$，对立度采用倒数型对立：$c_k^t = 0.2/\overline{X}_t$。根据表 2-4 数据可以得到如下联系度：

$\mu_1^1 = 0.51825 + 0.19296j$； $\mu_1^2 = 0.54991 + 0.18185j$；

$\mu_1^3 = 0.55161 + 0.18129j$

$\mu_2^1 = 0.53452 + 0.18708j$； $\mu_2^2 = 0.56633 + 0.17657j$；

$\mu_2^3 = 0.55638 + 0.17973j$

$\mu_3^1 = 0.53513 + 0.18687j$； $\mu_3^2 = 0.57262 + 0.17464j$；

$\mu_3^3 = 0.55578 + 0.17993j$

因为 $b = 1 - a - c$，就可把联系度还原成 $\mu = a + b_i + c_j$。根据公式（2-4）及公式（2-2），并对三个产业分配相同的权重计算可得分类样本 A_k（$k=1$，2，3）与参照系统集对后得的同异反联系度为：

$$
\begin{aligned}
\mu_1 &= 0.539925 + 0.274711i + 0.185364j \\
\mu_2 &= 0.552411 + 0.266458i + 0.181131j \qquad (2\text{-}6) \\
\mu_3 &= 0.554511 + 0.265011i + 0.180477j
\end{aligned}
$$

2.3.3 计算待测样本与参照系统的联系度

为了分析集对聚类预测法的预测精度，以 2008 年的第一、二、三产业的国内生产总值年增长倍数之值（1.031，1.1763，1.1383）为待测样本 B 的观测值，预测该年的货物周转量增长倍数之值，并与实际值进行比较。

根据观测值（1.031，1.1763，1.1383），确定待测样本 B 与参照系统组成集对后关于第 t 个因素（$t=1$，2，3）的同异反联系度为：

$\mu_B^1 = 0.5155 + 0.19399j$； $\mu_B^2 = 0.58815 + 0.17002j$；

$\mu_B^3 = 0.56915 + 0.17570j$

从而得到待测样本 B 与参照系统组成集对后的同异反联系度为：

$$\mu_B = 0.5576 + 0.26250i + 0.17990j \tag{2-7}$$

根据公式(2-4)、式(2-6)和式(2-7)，计算待测样本 B 与各类别样本的同异反距离，见表 2-5。根据同异反模式识别的“就近原则”，预测东北地区未来的货物周转量年增长倍数。

表 2-5　同异反距离及预测结果

ρ_1	ρ_2	ρ_3	判定类别
0.022168	0.006643	0.008025	A_2

2.3.4 计算结果及其分析

表 2-5 给出了东北地区 2008 年度货物周转量年增长倍数的预测结果属于 A_2 类，即增长率在 1.070～1.130 之间。根据表 2-5和式（2-5），可以计算出东北地区 2008 年的物流周转量增长倍数为：

$$x = \frac{\sum_{k=1}^{n} \frac{x_k^0}{\rho_k}}{\sum_{k=1}^{n} \frac{1}{\rho_k}} = 1.117756$$

与当年的实际增长倍数 1.120 相比，相对误差率为 0.2%，预测精度较高。

如果以 1999～2008 年第一、第二、第三产业的生产总值增长倍数的平均值作为待测样本 B 的观测值，可以对东北地区未来几年的货物周转量进行预测。

1999～2008 年三个产业生产总值的增长倍数平均值为(1.05639，1.1233，1.10859)，计算待测样本 B 与参照系统组

成集对后关于第 t 个因素（$t=1$，2，3）的同异反联系度为：

$$\mu_B^1 = 0.52820 + 0.18932j;\quad \mu_B^2 = 0.56165 + 0.17805j;$$

$$\mu_B^3 = 0.55430 + 0.18041j$$

从而得到待测样本 B 与参照系统组成集对后的同异反联系度为：

$$\mu_B = 0.54805 + 0.26936i + 0.18259j$$

根据公式（2-4）得到：

$$\rho_1 = 0.0101;\quad \rho_2 = 0.00145;\quad \rho_3 = 0.00803$$

由公式（2-5）计算得到东北地区未来几年货物周转量的增长倍数为 1.103082，以此推算出 2010 ~ 2012 年货物周转量，如表 2-6 所示。

表 2-6　东北地区未来几年货物周转量预测（亿吨 · km）

年　份	2010	2011	2012
货运周转量预测	7995.306	8819.477	9728.605

在本分析中，没有考虑金融危机对东北地区三个产业生产总值的影响。

区域物流需求的变化受到诸多因素的影响，而这种影响往往又不能准确、定量地加以描述。传统方法中，回归预测、灰色预测和指数平滑预测一般都不考虑或者简化这些影响，所以导致预测结果往往并不理想。本章根据我国东北地区第一、二、三产业的国内生产总值年增长倍数的历史数据，运用集对分类预测方法来预测货物周转量，该方法弥补了传统方法预测时在计入影响货物周转量变化因素方面的不足，从而使预测更加科学合理。

另外，由于联系度的计算比较简单，用于预测十分简便，具有实用性，而且在构造各类样本与参照系统的集对时，联系度 i 和 j 的取值可以根据实际问题的需要加以调整，因此，该方法又具有灵活性，只要通过分析确定出合理的联系度表达式，就可以用集对分析方法对待测样本进行预测，因此，它对建模样本数量的多少没有限制，且预测结果也不会受建模样本数目的影响。本章通过实际数据也证明了集对分类分析预测法的可行性和实用性。

3 区域物流节点层次选择技术及其应用

物流节点是物流系统的终端，是直接面对服务对象的部分，直观而具体地体现了物流系统对需求的满足程度，实现了物流整体效益的提高。

3.1 区域物流节点的功能与层次划分

物流节点具有多种功能，在物流系统中起着不同的作用和扮演着不同的角色。

3.1.1 物流节点的含义和功能

物流节点是指物流网络中连接物流线路的结节处，又称为物流接点。节点以一定的节点形态存在，在物流系统中发挥着不同的作用。节点和线路结合在一起，构成了物流的网络结构，节点和线路的相互关系和配置形成物流系统的比例关系，这种比例关系就是物流系统的结构。

运输线上的物流节点，我国称之为货站、车站、编组站。从物流节点角度出发，物流节点包括仓库、配送中心和物流中心等。从物流过程状态来看，有相对运动的状态和相对停顿的状态。货物在节点处于相对停顿的状态，在线路处于相对运动的状态，其中，包装、装卸、储存、配货、流通加工等活动都是在节点上完成的。

物流节点在物流网络中扮演着多种角色，具有不同的功能，具体可以分为：联结功能、信息功能、管理功能、配套功能、延伸功能。

物流节点的联结功能是通过转换运输方式连接不同的运输

手段；通过加工、分拣、配货等联结干线物流和末端物流；通过储存、保管连接不同时间的供应物流与需求物流；通过集装箱、托盘等集装箱处理使运输一体化。

在物流系统中的每一个节点同时又是一个信息点。由于节点是连接线路的枢纽，各方面的信息都在节点流进流出，因此使节点成为信息收集、处理、传递的集中地。若干个节点的信息流与物流系统的信息中心连接起来，形成指挥、管理、调度物流系统的信息网络。节点的信息功能是物流系统运行必不可少的前提条件。

物流系统的节点管理机构一般都集中于节点之中，大大小小的节点都是一定范围的指挥、管理、调度中心。管理功能也是物流系统的神经枢纽，物流系统运行的有序化和效率性在很大程度上取决于物流节点管理功能的水平。

配套功能包括：车辆停靠及辅助服务，可提供车辆停靠的场地和车辆检修、加油、配件供应等服务；金融生活配套服务，提供餐饮、住宿、购物、提款、保险等服务；以及工商、税务、海关的服务。

除了具备以上基本功能外，现代物流节点还附加以下功能：货物调剂重心（库存处理中心），物流节点一般能够有效处理库存物资与开展新产品展示会；系统技术设计，吸引高科技进入节点，从事物流软件的开发设计和物流设备的设计开发；咨询培训服务，利用丰富的管理经验，为进区企业或客户提供咨询，提供高附加值服务。

3.1.2 物流节点的服务内容

相对于整个物流系统而言，节点是系统的终端，是直接面对服务对象的部分，直观而具体地体现了物流系统对需求的满足程度，实现了物流整体效益的提高。其具体表现在：首先，准确、可靠的物流活动，提高了供应保证程度，减少了生产和流通领域对库存的需求，降低了社会的总库存；其次，集中高效的物流活动，简化了物流的流程，提高了物流系统的效率和服务水平；再次，合理、顺畅的物流活动提高了车辆和装载利用率，降低了物流成本，节约了能源，减少了污染，缓解了大中城市的交通运输紧张状况。

物流节点服务内容应根据物流节点的功能定位、任务及相关影响因素的综合分析，按照服务目标市场的分类进行规划设计，如表 3-1 所示。

表 3-1　物流节点服务内容一览表

目标市场及细分		选　址	服务内容
国际物流	国际物流服务	港　口	保税仓储、商品展示、临港加工、拆箱拼箱、公海货物转换、铁海运输转换及办公业务
		机　场	保税仓储、商品展示、临港加工、拆箱拼箱、快递、公航运输转换及办公业务
		公路、铁路车站	保税仓储、商品展示、临港加工、拆箱拼箱、公海货物转换、铁海运输转换及办公业务
	国际货物运输服务	港口、机场、公铁车站	海运、航空运输、铁路运输、公路运输
区域物流	港铁联运	港口与铁路货站结合点	铁路运输、海铁运输转换、仓储、加工
	铁路运输	铁路货站	铁路运输、卡车集运货物、仓储、加工
	公空联运	公路货运枢纽站与机场结合	航空货物的集中、分拨
	公铁联运	公路货站与铁路货站的结合点	公铁运输转换、卡车集运货物、仓储、加工
	公路运输	公路枢纽站	卡车集运货物、仓储、加工
	供应链管理	工业园区旁	采购、运输、仓储、配送
配送物流	商业配送	城市中心边缘区	仓储、加工、配送

3.1.3　区域物流节点的基本层次

对区域物流网络的层次级别进行划定是进行区域物流网络规划的基础，因此，在物流规划中首先要进行物流网络的层次分析及节点选择。一般来说，区域物流网络的基本层次级别一般可以划分为如下三个层次，如图3-1所示。

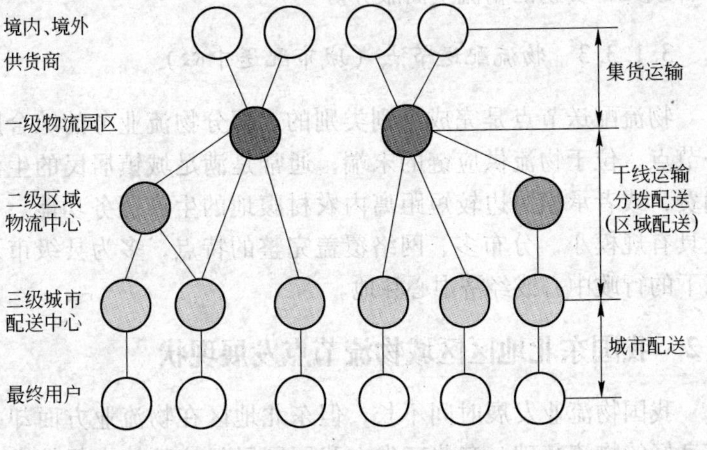

图3-1　区域物流网络的基本层次级别

3.1.3.1　物流基地或物流园区

物流基地是物流流程的关键环节，具有交通便利、信息通畅、辐射半径大、工农商业发达、经济实力雄厚等优势，能够完成各种类别的、复杂的综合物流服务。在实践中，许多企业在选择区域分销中心时也是立足于物流基地在区域内布网，以实现最低的物流成本。

3.1.3.2　综合物流节点（区域物流中心）

综合物流节点的作用可以概括为如下两个方面：一方面，综合物流节点是物流基地与综合物流配送节点之间的必要缓冲和连接，可以有效地缓解由于距离物流基地过长而引起的物流反应速度下降的问题；另一方面，综合物流节点本身的经济水平可以带动一定范围的物流活动，完成一定范围的物流综合服务。

综合物流节点受物流基地直接辐射，往往与物流基地之间有高速公路相连接，物流基础设施和信息网络比较完善，承担一种或几种货物的物流全面服务。

3.1.3.3 物流配送节点（城市配送中心）

物流配送节点是完成个别类别的、部分物流业务的综合服务节点，位于物流供应链的末端，通常是满足城镇居民的生活消费，或者承担周边较短距离内农村腹地的生产服务功能。一般具有规模小、分布多、网络覆盖完整的特点，多为县级市及以下的行政中心或经济中心驻地。

3.2 我国东北地区区域物流节点发展现状

我国物流业发展时间不长，但东北地区在物流业方面却具有良好的物流基础。东北三省在我国国民经济整体中仍然占有比较重要的地位，拥有相对丰富的资源，交通设施相对完善，东北地区物流节点的发展具有较好的国际环境、区位优势和经济基础。

3.2.1 发展东北地区物流节点的国际经济环境

在当今世界各经济组织中，最具有实力的是欧盟、北美自由贸易区和亚太经济合作组织，这三大区域经济集团的 GNP 占全球 GNP 的 80%，形成了“三分天下”的地缘经济格局。当然，在这三大地缘经济体中，亚太地缘经济合作的活力最强，增长最快，这主要得益于东亚国家和地区的经济增长。从近期看，东亚地区发展较为迅速的将是若干次区域的经济合作组织，这些次区域涉及的国家和地区较少，容易达成共识并付诸实践，所以能够成为东亚地缘经济合作的主流。东北亚区域的成长，可以说是东亚地缘经济合作发展的关键。同时，东北亚地区是大国利益的交会点，受到世界大国的普遍关注。东北亚地区经济随着地缘经济合作的兴起，各种协调机制的充分建立，将会进一步推动东北亚经济合作的步伐，从而为东北亚地区建立真正的区域经济合作组织奠定良好的基础，可见，东北亚经济合作的战略地位十分重要。

我国同东北亚各国经贸交流关系源远流长，在历史上就同俄罗斯、日本、朝鲜、蒙古国等民族之间有通商记载。随着近年经济生活的国际化，我国同东北亚各国的经济贸易往来关系更加密切。中朝两国有长期的贸易合作基础，朝鲜重工业基础较好，但消费品相对不足，我国可以适当地给予弥补。中朝两国虽然贸易额不大，但双方在互补原则下，不断提升彼此间贸易规模的前景仍较为可观。中俄两国近年本着建立面向21世纪战略协作伙伴关系的宗旨，找到了经贸合作的切入点，在能源、科技等方面进行了卓有成效而务实的合作，双方经贸合作呈现出复苏与攀升的态势。中蒙两国目前都处于向市场经济转型的时期，两国的经济发展有着诸多相似之处，可以相互补充，相互借鉴。自20世纪90年代以来，中蒙两国经贸关系的加强和经贸合作领域的不断拓展，为中蒙跨世纪互利合作奠定了基础。日本和韩国人口密度高，国土狭小，资源不足，极其需要中国庞大的市场和自然及人力资源；我国经济发展，也很需要日本、韩国雄厚的资金、技术和管理经验，彼此合作的领域相当广泛。

东北亚区域既有经济高度发达和现代化的日本，也有新兴工业化国家韩国；既有工业基础相当雄厚但发展不足的俄罗斯远东和中国东北，也有经济有待起飞的朝鲜和蒙古国。这样，东北亚在产业发展上有很大的传递性。作为东北亚区域的核心位置，优越的区位优势使得我国东北地区成为周边五国的物流枢纽和主通道，也必将推动周边五国的物流合作与发展。

3.2.2 发展东北地区物流节点的经济条件

东北地区作为我国重要的工农业生产基地，工业尤其是重工业地位突出。在新中国成立之初，重点建设的100个重工业项目中，三分之一都在东北地区。在党中央、国务院振兴东北老工业基地战略政策的扶持下，经过几十年的努力，东北地区的经济发展水平得到巨大提高，对外开放程度逐步加强，为东北地区区域物流节点的建设奠定了良好的经济基础。

3.2.2.1 总体经济发展水平

从总体经济发展水平来看，近年来东北地区经济保持持续增长。根据2001～2007年的《中国区域经济统计年鉴》，东北地区整体经济国民生产总值发展情况，呈现出逐年增长的态势，为东北地区区域物流节点的发展奠定了良好的经济基础，如表3-2所示。

表3-2 2001～2007年东北地区GDP核算

年　份	2001	2002	2003	2004	2005	2006	2007
东北地区合计/亿元	10626.5	11586.5	12955	14545	17141	19715	23373
人均GDP/元	9935.1	10813.3	12078	13548	15982	18277	21573

资料来源：《中国区域经济统计年鉴》2002～2008年。

从表3-2可以看出，东北三省的GDP保持逐年增长，东北地区的人均国内生产总值也逐年提高，呈现出稳步增长的态势。

根据2007年辽宁、吉林、黑龙江三省的统计年鉴，2007年辽宁省全年全省生产总值11023.5亿元，比上年增长19.1%；人均生产总值25729元，比上年增长18.1%。吉林省全年全省生产总值6760.3亿元，比上年增长16.1%；人均生产总值2701.3元，比上年增长15.8%。黑龙江省全省实现地区生产总值7065亿元，比上年增长13.9%；人均地区生产总值18478元，比上年增长13.8%。从表3-3可以看出，辽宁、吉林、黑龙江三省的地区生产总值历年来呈现出持续增长的态势。

表 3-3 2001～2007 年辽宁、吉林、黑龙江 GDP 增长情况

年份	2001	2002	2003	2004	2005	2006	2007
辽宁	5033.1	5458.2	6002.5	6672	8009	9251.2	11023.5
吉林	3336.1	3653.1	4025.7	4516.8	5063.3	5822.8	6760.3
黑龙江	3390.1	3637.2	4057.4	4750.6	5511.5	6201.4	7065

资料来源：《辽宁年鉴》2002～2008 年、《吉林年鉴》2002～2008 年、《黑龙江年鉴》2002～2008 年。

3.2.2.2 东北地区产业结构状况

从东北地区产业结构看，东北地区经济仍然以第二产业为主导。据统计，2007 年辽宁省第一、二、三产业的比例分别是 10.3%、53.1%、36.6%，吉林省第一、二、三产业的比例分别是 14.8%、46.8%、38.3%，黑龙江省第一、二、三产业的比例分别为 13%、52.3%、34.7%。2007 年东北地区各省三次产业结构如表 3-4 所示。

表 3-4 2007 年东北地区各省三次产业结构

省份	地区生产总值/亿元	三次产业生产总值/亿元			构成/%		
		第一产业	第二产业	第三产业	第一产业	第二产业	第三产业
辽宁	11023.49	1133.4	5853.1	4036.99	10.3	53.1	36.6
吉林	5284.69	783.8	2475.45	2025.44	14.8	46.8	38.3
黑龙江	7065	915.38	3695.58	2454.04	13	52.3	34.7

资料来源：《辽宁年鉴》2008 年、《吉林年鉴》2008 年、《黑龙江年鉴》2008 年。

东北地区重工业体系相对完整，配套能力强，我国有相当部分的重型装备制造业等在这个地区。东北地区的石油开采、石油化工、钢铁和有色金属冶炼、重型机械制造、发电设备制造、造船、机车、汽车和飞机制造、机床制造等资本与技术密集型工业在全国都占有重要地位。在沈阳、长春、哈尔滨分别形成了机床、成套设备、汽车、电机的产业积聚优势。改革开放以来，东北地区的装备工业发展相对落后，广东、上海、江苏等省份装备工业发展迅速。尽管如此，东北地区所着力发展的船舶、机床、电站设备、冷冻设备等重型装备工业是南方发达省份所欠缺的，东北地区的装备工业在全国的分工是不可替代的。目前世界产业转移重点转向了以装备制造业为主的重化工业，由于东北地区具有良好的装备制造业基础、低廉的劳动力成本、丰厚的人才储备，加之国家振兴东北战略的实施，东北将成为承接新一轮产业转移的最佳区域，迎接前所未有的机遇。

2001～2005年以及2007年东北三省规模以上工业企业工业增加值，如表3-5所示。辽宁、吉林、黑龙江三省近年来规模以上工业企业的工业增加值稳步增长，东北三省的工业水平显著提高，为东北地区区域物流节点的发展提供了坚实的保障。

表3-5　2001～2005年以及2007年东北三省规模以上工业企业工业增加值

省　份	年　份					
	2001	2002	2003	2004	2005	2007
辽宁	1255.7	1377.7	1715.9	2255.7	3108.4	5393.8
吉林	589.1	669.3	814.8	994.3	1169.4	2079.8
黑龙江	1207.9	1262	1363.1	1619.6	2154.6	2854.7

资料来源：《辽宁年鉴》2002～2008年、《吉林年鉴》2002～2008年、《黑龙江年鉴》2002～2008年。

3.2.2.3　东北地区对外贸易发展水平

东北地区是我国加工贸易较为发达的地区之一，物流需求呈现外向型程度较高的特征。从进出口贸易总额来看，2007年，东北地区商品进出口贸易总额达870.7亿美元，占全国进出口贸易总额的4%，较2006年东北地区进出口贸易总额，增长了25.9%。2001～2007年东北地区的商品进出口贸易总额逐年增长，自2003年起，各年增长率均保持在20%以上，见表3-6。对外贸易的发展为区域物流创造了良好的发展条件，随着东北地区开放程度的不断加深，东北地区已成为我国面向东北亚国际经济区的窗口，国际贸易往来的频繁对区域物流节点的建设提出了更大的挑战。

表3-6 2001～2007年东北地区货物进出口情况

年 份		2001	2002	2003	2004	2005	2006	2007
东北地区货物进出口总额/亿美元		263.9	297.9	379.9	479.9	571.1	691.6	870.7
其中	出口额/亿美元	140.8	161.2	196.4	243.1	319.7	397.5	514.4
	进口额/亿美元	123.1	136.7	183.5	236.8	251.3	294.1	365.3
东北地区进出口总额占全国比重/%		5.1	4.7	4.5	4.2	4	4	4
进出口总额年增长率/%			12.8	27.5	26.3	20.0	21.1	25.9

资料来源：《中国区域经济统计年鉴》2002～2008年。

3.2.3 东北地区区域物流基础设施状况

东北地区濒临渤海，拥有2178km的海岸线，有嫩江、松花江、图们江和鸭绿江等内河航道，分布着大连港、营口港、锦州港、丹东港、大安港、吉林港、扶余港等海运或航运港口，其中大连港和营口港两个主要优良港口以其大进大出的集疏能力和物流网络中的组织作用，在东北地区综合物流中占有重要的地位。东北地区的水上运输，北部以黑龙江、松花江等内河航运为主，南部以大连、营口等港口的海上运输为主。东北的港口建设近年来取得了飞速发展，为东北地区区域物流奠定了基础。

东北地区的铁路是交通运输网络的骨干，是全国铁路最密集的地区之一，区域内铁路以辽宁为中心，纵横交错、四通八达，拥有70余条干支线组成的庞大铁路网，通向全国各地。

公路基础设施的大发展是近几年东北地区经济发展的一个重要特点，目前东北地区基本上已经形成了等级高、密度大、范围广的公路网络格局。

东北地区主要有沈阳、大连、哈尔滨、长春等机场，且已经达到一定规模，其他机场的规模较小，但呈增长态势。目前，东北地区的机场还在不断进行新建和改扩建，继续开辟新航线，航空运输工具也在不断更新和升级。

近年来，东北地区各类交通工具的运营取得了长足发展，在货物运输能力上取得了很大提高，带动了区域物流产业的发展，为区域物流节点更好地发挥功能提供了保障。2007 年东北地区货运量和货运周转量见表 3-7。总体来看，辽宁的交通网络能力最强，港口运输能力尤为发达；黑龙江和吉林两大内陆省份则以铁路和公路运输为主要优势。

表 3-7　2007 年东北地区货运量与货运周转量

省份	货运量/万吨				货物周转量/亿吨 · km			
	合计	铁路	公路	水运	合计	铁路	公路	水运
辽宁	116917	17752	90387	8778	5815.2	1293.3	568.1	3953.8
吉林	37935	6278	31573	84	654.4	529.8	124	0.6
黑龙江	70137	16891	51996	1250	1310	1006.5	289.9	13.6

资料来源：《辽宁年鉴》2008 年、《吉林年鉴》2008 年、《黑龙江年鉴》2008 年。

东北地区目前主要的物流节点有大连、沈阳、长春、哈尔滨等大中型城市，但东北地区整体上缺乏较为完整和系统的区域物流节点框架，还需要合理规划物流节点，并加快节点各方面的建设。

在区域物流节点的建设中，大连市走在了东北地区的最前列。2003 年，中共中央、国务院《关于实施东北地区等老工业基地振兴战略的若干意见》中，提出“充分利用东北地区现有港口条件和优势，把大连建成东北重要的国际航运中心”。这是中央政府对大连城市功能的进一步定位，为大连提供了新一轮发展空间和机遇。大连正在以其得天独厚的区位口岸优势、天然优良的建港条件、雄厚的临港工业基础、全方位的对外开放和完善的现代服务功能，推进国际航运中心建设进程。

东北老工业基地辽宁、吉林、黑龙江三省中，由于各省经济发展的不平衡，导致了整个区域内物流的发展也有一定的悬殊。相对来说，辽宁省经济发展较快，区位条件优越，对外开放程度较高，因而区域物流基础较为完善，物流需求比较旺盛。吉林和黑龙江的经济条件相对差一些，物流节点的国际化程度还不高，其区域物流产业的发展相对弱一些。根据表3-3绘制的2001～2007年辽宁、吉林、黑龙江三省GDP占整个东北地区对比图显示出东北三省在经济发展上的不平衡性，如图3-2所示。

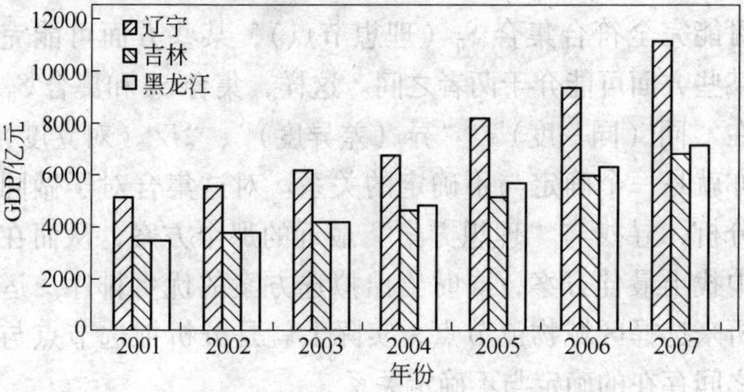

图3-2　2001～2007年东北三省GDP对比

由于东北地区原有的工业基础和建立在工业基础上的人口分布格局，导致大部分交通运输线分布于人口稠密、经济发达的地区，主要港口分布在人口相对集中的地区，机场也主要分布在大城市。虽然已经实现了多种内陆和外部的交通连接，但总体经济发展向腹地辐射不够，经济效益低，没有形成规模经济。东北地区物流节点要想更大程度地发挥作用，必须依靠更加完善的交通网络，全面调动不同运输方式，加强运输方式之间的协作。

3.3 基于集对分析的区域物流节点选择

3.3.1 集对分析法的物流节点选址模型

设东北地区区域物流节点拟选节点方案集 $S=\{S_1, S_2, \cdots, S_m\}$，指标集为 $E=\{e_1, e_2, \cdots, e_n\}$，拟选方案 $S_k(k=1, 2, \cdots, m)$ 关于指标 $e_r(r=1, 2, \cdots, n)$ 的属性值 h_{kr} 构成矩阵 $\boldsymbol{H}=(h_{kr})_{m\times n}$，设理想方案 $S_0=[h_{01}, h_{02}, \cdots, h_{0j}, \cdots h_{0m}]^T$，其中 h_{0j} 为理想方案 S_0 中第 j 个指标的值，其大小为 $\boldsymbol{H}$ 矩阵中 j 个指标的最优值。依据集对分析原理，取拟选方案 S_k 与理想方案 S_0 为一集合对子，东北地区区域物流节点选址可以看做将集合 S_k 与集合 S_0 进行对比分析的过程。那么，集合 S_k（拟选节点）的某些方面可能完全符合集合 S_0（理想节点），某些方面可能完全不符，某些方面可能介于两者之间。这样，集合 S_k 和集合 S_0 之间就存在“同（同一度）”、“异（差异度）”、“反（对立度）”关系，亦就是一个确定与不确定的关系。对这集合对子做同异反决策分析，寻找与“理想方案”最近的那个方案，从而在拟选方案中找出最佳方案，同时给出拟选方案的优劣排序。运用集对分析来选择区域物流节点，实际上就是分析拟选节点与理想节点之间存在的确定与不确定关系。

由于各种指标的量纲不一致，无法进行比较分析，所以需要对各指标进行无量纲计算，把各个指标的值转换到 [0, 1] 范围内。根据指标取值优劣趋向不同，按其取值优劣趋向可分为成本型指标和效益型指标。成本型指标，是指取值越小越好的指标；效益型指标，是指取值越大越好的指标。对于不同类型的指标，应采取不同的无量纲化方法。

对于成本型指标，无量纲化公式为 $d_{kr}=\dfrac{h_r^{\max}-h_{kr}}{h_r^{\max}-h_r^{\min}}(k=1, 2, \cdots, m; r=1, 2, \cdots, n)$；对于效益型指标，无量纲化公式为

$d_{kr} = \dfrac{h_{kr} - h_r^{\min}}{h_r^{\max} - h_r^{\min}}(k = 1, 2, \cdots, m; r = 1, 2, \cdots, n)$。式中，$h_r^{\max}$ 和 $h_r^{\min}$ 分别是指标 e_r 的最大值和最小值，即 $h_r^{\max} = \max\{h_{1r}, h_{2r}, \cdots, h_{mr}\}$，$h_r^{\min} = \min\{h_{1r}, h_{2r}, \cdots, h_{mr}\}$。由此，得到规范化决策矩阵 $\boldsymbol{D} = (d_{kr})_{m \times n}$。

由给出的 m 个方案，确定最优方案和最劣方案，根据系统目标和客观条件确定，记最优方案和最劣方案对应 e_r 的指标值分别为 u_r，v_r，考虑指标均为效益型，显然有 $u_r \geqslant d_{kr}$，$v_r \leqslant d_{kr}(r = 1, 2, \cdots, n)$。又由于各指标值已经过无量纲化处理，则可得最优方案 $U = \{U_1, U_2, \cdots, U_m\}$，其中 $U_1 = U_2 = \cdots = U_m = 1$，最劣方案为 $V = \{V_1, V_2, \cdots, V_m\}$，其中 $V_1 = V_2 = \cdots = V_m = 0$。由 $[v_r, u_r]$，即$[0, 1]$ 构成了指标 e_r 的比较区间。

接下来，在指标 e_r 的比较区间 $[v_r, u_r]$ 中确定集对 $\{d_{kr}, u_r\}$ 的联系度。本例中，由于评价东北地区节点选择的属性值 d_{kr} 均大于0，则 $d_{kr}/u_r \in [0,1]$ 可表示 d_{kr} 与 u_r 的接近程度 a，$v_r/d_{kr} \in [0,1]$ 可表示 d_{kr} 与 v_r 的接近程度 c。在 $d_{kr} \in [v_r, u_r]$，当 $d_{kr} = u_r$ 或 v_r 时，数值$(d_{kr}/u_r + v_r/d_{kr})$取极大值 $(1 + v_r/u_r)$，故为使 $d_{kr}/u_r + v_r/d_{kr} \in [0,1]$，进行归一化，即用 $(1 + v_r/u_r)$ 分别除 d_{kr}/u_r 和 v_r/d_{kr} 得：

$$\frac{d_{kr}/u_r}{1 + v_r/u_r} = \frac{d_{kr}}{u_r + v_r};\quad \frac{v_r/d_{kr}}{1 + v_r/u_r} = \frac{u_r v_r}{(u_r + v_r)d_{kr}}$$

二者可视为 d_{kr} 与 u_r 的接近程度的肯定和否定，因而将它们分别定义为集对$\{d_{kr}, u_r\}$同一度 a 和对立度 c。根据 $a + b + c = 1$，可计算集对$\{d_{kr}, u_r\}$的差异度 b，$b = (u_r - d_{kr})(d_{kr} - v_r)/[(u_r + v_r)d_{kr}]$。至此，集对分析模型中的同一度 a，差异度 b，对立度 c 均已计算得出，即

$$a = \frac{d_{kr}/u_r}{1 + v_r/u_r} = \frac{d_{kr}}{u_r + v_r}$$

$$b = \frac{(u_r - d_{kr}) \times (d_{kr} - v_r)}{(u_r + v_r) \times d_{kr}}$$

$$c = \frac{v_r / d_{kr}}{1 + v_r / u_r} = \frac{u_r v_r}{(u_r + v_r) d_{kr}}$$

最后，计算 S_k 与 U 的相对贴近度 $f_k = \frac{a_k}{a_k + c_k}$。根据 f_k 的大小进行各方案的结果排序，f_k 值最大者为最优方案。

3.3.2 指标的建立及指标权重的确定

3.3.2.1 东北地区区域物流节点评价指标的建立

建立分类评价指标体系应科学客观，尽可能全面考虑各种因素，以达到客观评价物流节点布局的目的，与其相关的影响因素指标主要有以下几项：

（1）地区国民经济总体发展水平。地区国民经济总体发展水平是区域物流节点布局规划建设的重要宏观环境条件。它主要包括以下三项指标内容：

1）地区经济总水平。反映地区所有单位一定时期内生产活动的最终成果，水平高的地区适宜布局建设高层次的物流节点，可以采用国内生产总值进行衡量。

2）地区经济发展前景。区域物流节点宏观布局层次分类研究的目的是促进物流节点布局的合理性，这种合理性不能仅适应当前地区经济发展，还要适应将来发展的需求，为便于量化比较分析，可以采用 GDP 增长率。

3）地区人均经济发展水平。为了增加区域物流节点布局的可比性，需要采用人均化指标来评价分类，可以采用人均 GDP。

（2）地区社会再生产条件。良好的社会再生产条件是规划建设区域物流节点的必要基础性条件，可以采用全社会固定资产投资总额。

（3）农工商业发展水平。工商业是物流服务的主要对象，其发展水平的高低直接影响物流节点未来的运营效益，这是判定区域物流节点布局层次类别的重要依据，主要包括以下几项：

1）农业发展水平。它是确定周边农产品物流的因素。

2）工业发展水平。较大的工业发展规模对于现代物流服务具有很大的支持作用，有利于高层次物流节点的建设和运营，此因素可采用工业增加值加以衡量。

3）地区零售市场规模。国民经济各有关行业通过多种渠道向居民和社会集团供应销售的生活消费品，均需要通过物流服务得以实现，其规模大小对于建设不同层次的区域物流节点具有重要影响，此指标可采用社会消费品零售总额加以衡量。

（4）对外经济贸易发展水平。对外经济贸易发展水平是发展区域物流的基础，对外经贸发展水平高的地区客观上需要较高层次的区域物流节点以支撑其有关的国际运作，该项因素由以下指标来表示。

1）外资利用规模。较好的物流基础设施条件越来越成为地区吸引外资的重要环境条件，而外资利用的规模也客观上对建设区域物流节点提出了不同程度的要求，此指标可用实际利用外资额来衡量。

2）外贸发展规模。这是决定地区能否成为高层区域物流节点的主要标准之一，此指标可用进出口贸易额加以衡量。

（5）交通运输业发展水平。它可以从一个侧面表明需求供给情况，反映运输业的发展水平，拥有大规模运输量的地区适宜布置建设高层次的区域物流节点，可用地区货运总量以及各运输工具的货运量加以衡量。

3.3.2.2 指标权重确定

这里，物流节点选址的评价指标可分为两个层面，分别为准则层和子准则层，如表3-8所示。

表 3-8　东北地区区域物流节点选址指标层次

目标层	准则层	子准则层
合理选址东北地区区域物流节点（A）	地区国民经济总体发展水平（B1）	地区生产总值(GDP)(C11)
		GDP 增长率（C12）
		人均 GDP（C13）
	农工商业发展水平（B2）	规模以上工业增加值（C21）
		农林牧渔业总产值（C22）
		社会消费品零售额（C23）
	地区社会再生产条件（B3）	固定资产投资总额（C31）
	对外经济贸易发展水平（B4）	进出口总额（C41）
		实际直接利用外资额（C42）
	交通运输业发展水平（B5）	总货运量（C51）
		公路货运量（C52）
		铁路货运量（C53）
		水运货运量（C54）
		航空货运量（C55）

先对准则层运用层次分析法计算权重。根据层次分析法权重计算步骤，首先建立准则层五大指标两两比较矩阵，见表 3-9。

表 3-9　准则层 B 两两比较矩阵

A-B 判断矩阵 B_{ij}						
A	B1	B2	B3	B4	B5	ΣB_{ij}
B1	1	1	2	0.5	0.5	5
B2	1	1	3	0.5	0.5	6
B3	0.5	0.33	1	0.33	0.33	2.49
B4	2	2	3	1	1	9
B5	2	2	3	1	1	9
Σ	6.5	6.33	12	3.33	3.33	31.49

根据权重计算公式 $w_i = \frac{1}{n}\sum_{j=1}^{n}\frac{a_{ij}}{\sum_{k=1}^{n}a_{kj}}(i = 1, 2, 3, \cdots, n)$，

可得 B1、B2、B3、B4、B5 的权重分别为 0. 1558、0. 1724、0. 0821、0. 2948、0. 2948。根据特征根 $BW = \lambda_{\max} w$，可得准则层两两比较判断矩阵的特征根 $\lambda_{\max} = 5.0462$，由 $CI = \frac{\lambda - n}{n - 1}$ 可得，$CI = \frac{5.0462 - 5}{5 - 1} = 0.0115$，查表 $n = 5$ 时，$RI = 1.12$，则 $CR = \frac{CI}{RI} = \frac{0.0115}{1.12} = 0.0103 < 0.1$，则认为 B 的不一致程度在容许范围之内，可用其归一化特征向量作为权向量，即 $W_1 = 0.1558$，$W_2 = 0.1724$，$W_3 = 0.0821$，$W_4 = 0.2948$，$W_5 = 0.2948$。

准则层 B 的权重确定之后，接下来计算子准则层 C 的权重，计算方法同上。从而可以得到准则层和子准则层各个指标的权重结果，如表 3-10 所示。

表 3-10　评价指标的合成权重

目标层	准则层	指标权重	子准则层	指标合成权重
合理选址东北地区区域物流节点（A）	地区国民经济总体发展水平（B1）	0. 1558	地区生产总值（GDP）（C11）	0. 0948
			GDP 增长率（C12）	0. 0423
			人均 GDP（C13）	0. 0187
	农工商业发展水平（B2）	0. 1724	规模以上工业增加值（C21）	0. 0905
			农林牧渔业总产值（C22）	0. 0576
			社会消费品零售额（C23）	0. 0243
	地区社会再生产条件（B3）	0. 0821	固定资产投资总额（C31）	0. 0821
	对外经济贸易发展水平（B4）	0. 2948	进出口总额（C41）	0. 2214
			实际直接利用外资额（C42）	0. 0734
	交通运输业发展水平（B5）	0. 2948	总货运量（C51）	0. 0633
			公路货运量（C52）	0. 0358
			铁路货运量（C53）	0. 0633
			水运货运量（C54）	0. 1107
			航空货运量（C55）	0. 0218

3.3.3 基于集对分析的东北地区物流节点选择分析

可以作为区域物流节点的城市，从基本要求来看，需要有一定的 GDP 水平，具有运输优势或港口优势，具有较好的交通条件或区位优势等。区域物流节点分为不同的层次，东北地区所有大中型城市均应作为物流节点的备选，但是考虑到计算过程的复杂性，这里只选择了 15 个城市来分析物流节点的选择问题。所选择的城市分别是大连、沈阳、哈尔滨、锦州、长春、吉林、营口、丹东、齐齐哈尔、大庆、辽源、葫芦岛、朝阳、鞍山、佳木斯。

由集对模型可知，运用集对分析方法对东北地区物流节点进行选址分析，需要各备选城市的相关经济数据作为支撑。东北 15 大城市物流节点选址经济指标数据，见表 3-11。

在原始数据表中，评价指标的量纲各不相同，如地区生产总值 GDP 的单位为亿元，进出口总额的单位为亿美元，而货运量的单位为万吨，不同的量纲使各指标数据之间不具有可比性，无法代入集对分析矩阵中进行定量计算，所以需要对各评价指标进行标准化处理。

本例中，各评价指标均为效益型指标，所以应套用模型中的效益型指标的标准化公式 $d_{kr} = \dfrac{h_{kr} - h_r^{\min}}{h_r^{\max} - h_r^{\min}}$，对原始数据进行标准化，得到标准化后的 2007 年东北 15 大城市经济指标数据矩阵，见表 3-12。根据集对分析模型中的对立度公式 $c = \dfrac{v_r}{d_{kr}}$ 可知，当分母为 0 时该公式没有意义，而标准化表中部分 d_{kr} 为 0，使部分指标的 c 值无法计算。所以为了计算方便，表中将 0.000000 替换成了 0.0000001，替换后的矩阵使计算具有意义。

上述矩阵中，根据模型中同一度 $a = \dfrac{d_{kr}}{u_r}$ 公式，当 $u_r = 1.0000000$ 时，$a = d_{kr}$，所以同一度 a 的数值矩阵即为表 3-12 所示

表 3-11　2007 年东北 15 大城市物流节点选址经济指标数据

指　标	单位	城市														
		大连	沈阳	哈尔滨	锦州	长春	吉林	鞍山	营口	丹东	齐齐哈尔	大庆	佳木斯	辽源	葫芦岛	朝阳
地区生产总值(GDP)	亿元	3131.0	3073.9	2436.8	538.6	2089.0	1008.0	1136.9	568.9	463.9	1075.8	1822.4	341.4	211.8	419.6	333.1
GDP 增长率	%	17.5	17.7	13.5	16.5	17.7	16.4	12.1	21.0	16.1	14.8	14.5	14.3	15.3	15.0	13.2
人均 GDP	元	51624	43308	24768	15003	28131	23277	32555	24543.0	19112	19101	66657	13690	9568	15138	9794
规模以上工业增加值	亿元	1157.0	1233.4	472.8	179.4	834.5	205.7	442.1	305.6	177.9	96.3	1425.4	56.4	75.6	151.3	138.1
农林牧渔业总产值	亿元	463.6	302.2	583.0	192.6	340.6	172.5	70.4	94.3	113.4	239.5	110.0	138.2	35.6	178.1	159.3
社会消费品零售额	亿元	983.3	1231.9	1036.0	185.2	778.3	329.6	254.4	194.2	161.9	185.1	302.0	120.4	67.8	137.1	125.0
固定资产投资总额	亿元	1930.8	2361.9	1030.6	167.6	1350.6	691.8	378.4	417.8	233.6	125.9	481.6	81.1	142.7	156.7	230.0
进出口总额	亿美元	387.5	60.7	32.9	11.4	69.4	7.5	38.2	18.9	20.4	2.7	6.8	16.9	0.5	13.0	9.8
实际直接利用外资额	亿美元	31.6	50.4	4.4	1.5	5.3	0.8	1.5	1.3	1.5	0.5	0.9	0.2	0.8	0.2	0.2
总货运量	万吨	32128.7	19324.4	10753.6	5029.2	10485.2	5457.7	8115.1	5127.8	4315.5	6864.6	3695.0	2980.9	2507.7	3327.4	2799.4
公路货运量	万吨	20237.1	18500.0	9007.0	4004.4	9600.8	3593.1	6204.5	3797.3	3453.0	5564.0	2332.0	2271.0	2048.9	2745.0	2211.5
铁路货运量	万吨	2242.0	818.1	1388.0	893.6	884.4	1855.6	1910.6	785.3	405.9	1300.6	1363.0	643.0	458.8	482.4	587.9
水运货运量	万吨	8447.4	123.4	357.0	131.2	59.5	0.0	0.0	545.2	404.0	165.4	0.0	66.9	0.0	100.0	0.0
航空货运量	万吨	5.3	6.3	1.6	0	0.0	0.0	0.0	0.0	0.1	0.0	0.0	0.0	0.0	0.0	0.0

资料来源:《辽宁年鉴》2008 年、《吉林年鉴》2008 年、《黑龙江年鉴》2008 年。

表 3-12　2007 年东北 15 大城市经济指标数据矩阵

经济指标	大连	沈阳	哈尔滨	锦州	长春	吉林	鞍山	营口	丹东	齐齐哈尔	大庆	佳木斯	辽源	葫芦岛	朝阳
C11	1.000000	0.980440	0.762200	0.111950	0.643050	0.272750	0.316900	0.122330	0.086360	0.295970	0.551730	0.044400	0.000001	0.071180	0.041550
C12	0.606740	0.629210	0.157300	0.494380	0.629210	0.483150	0.000001	1.000000	0.449440	0.303370	0.269660	0.247190	0.359550	0.325840	0.123600
C13	0.736670	0.591010	0.266250	0.095200	0.325160	0.240130	0.402650	0.262310	0.167180	0.166980	1.000000	0.072200	0.000001	0.097570	0.003960
C21	0.803940	0.859750	0.304160	0.089850	0.568370	0.109060	0.281740	0.182030	0.088750	0.029150	1.000000	0.000001	0.014020	0.069320	0.059680
C22	0.781880	0.487030	1.000000	0.286810	0.557180	0.250090	0.063570	0.107230	0.142130	0.372490	0.135910	0.187430	0.000001	0.260320	0.225980
C23	0.786440	1.000000	0.831720	0.100850	0.610340	0.224890	0.160300	0.108580	0.080830	0.100760	0.201190	0.045190	0.000001	0.059530	0.049140
C31	0.810990	1.000000	0.416300	0.037930	0.556600	0.267760	0.130350	0.147620	0.066860	0.019640	0.175600	0.000001	0.027010	0.033150	0.065280
C41	1.000000	0.155560	0.083720	0.028170	0.178040	0.018090	0.097420	0.047550	0.051420	0.005680	0.016280	0.042380	0.000001	0.032300	0.024030
C42	0.625500	1.000000	0.083670	0.025900	0.101590	0.011950	0.025900	0.021910	0.025900	0.005980	0.013940	0.000001	0.011950	0.000001	0.000001
C51	1.000000	0.567730	0.278380	0.085130	0.269320	0.099590	0.189300	0.088450	0.061030	0.147090	0.040080	0.015980	0.000001	0.027670	0.009850
C52	1.000000	0.904490	0.382560	0.107510	0.415210	0.084900	0.228480	0.096130	0.077200	0.193260	0.015570	0.012210	0.000001	0.038270	0.008940
C53	1.000000	0.224490	0.534870	0.265610	0.260600	0.789530	0.819490	0.206630	0.000001	0.487270	0.521260	0.129130	0.028810	0.041660	0.099120
C54	1.000000	0.014610	0.042260	0.015530	0.007040	0.000001	0.000001	0.064540	0.047830	0.019580	0.000001	0.007920	0.000001	0.011840	0.000001
C55	0.838890	1.000000	0.253970	0.000001	0.000001	0.000001	0.000001	0.000001	0.015870	0.000001	0.000001	0.000001	0.000001	0.000001	0.000001

的标准化数据矩阵。

又根据模型中对立度 $c = \frac{v_r}{d_{kr}}$, 可以计算 c 的值。本例中，经数据标准化处理导致所有指标的最劣方案 v_r 均为0.0000001，因对立度 $c = \frac{0.0000001}{d_{kr}}$，$c$ 的数值矩阵见表3-13。

表3-12和表3-13中部分指标的同一度 a 与对立度 c 的和大于1，但根据集对分析同一度、对立度、差异度的关系公式 $a + b + c = 1$, a 与 c 的和必须小于1，所以为使得 $a + c \in (0,1)$, 需将同一度 a 和对立度 c 分别进行归一化处理。根据归一化公式，同一度 $a = \frac{d_{kr}/u_r}{1 + v_r/u_r} = \frac{d_{kr}}{u_r + v_r}$, 对立度 $c = \frac{v_r/d_{kr}}{1 + v_r/u_r} = \frac{u_r v_r}{(u_r + v_r) d_{kr}}$, 可得归一化后的同一度 a 和对立度 c 的数值矩阵分别见表3-14和表3-15。

通过同一度 a 和对立度 c 的归一化处理，使得同一度 a 和对立度 c 的取值均在0到1之间，且同一度 a 与对立度 c 的和小于1。由集对分析同一度 a、对立度 b、差异度 c 的关系公式 $a + b + c = 1$, 可得，差异度 $b = 1 - a - c$, 由上述表3-14和表3-15中同一度 a 与对立度 c 的值，可以求得差异度 b 的数值矩阵，见表3-16。由于同一度 a 和对立度 c 均已进行过归一化处理，所以，计算得出的差异度 b 值即为归一化后的 b 值。

至此，集对分析的同一度 a、差异度 b、对立度 c 的数值矩阵均已计算得出。接下来，根据各经济指标的权重，计算 a、b、c 的加权值，即：

$$A = w \times a = (w_1, w_2, w_3, \cdots, w_{14}) \times (a_1, a_2, a_3, \cdots, a_{14})^T$$

$$B = w \times b = (w_1, w_2, w_3, \cdots, w_{14}) \times (b_1, b_2, b_3, \cdots, b_{14})^T$$

$$C = w \times c = (w_1, w_2, w_3, \cdots, w_{14}) \times (c_1, c_2, c_3, \cdots, c_{14})^T$$

表 3-13　对立度 c 的数值矩阵

经济指标	大连	沈阳	哈尔滨	锦州	长春	吉林	鞍山	营口	丹东	齐齐哈尔	大庆	佳木斯	辽源	葫芦岛	朝阳
C11	0.000001	0.000001	0.000001	0.000009	0.000002	0.000004	0.000003	0.000008	0.000012	0.000003	0.000002	0.000023	1.000000	0.000014	0.000024
C12	0.000002	0.000002	0.000006	0.000002	0.000002	0.000002	1.000000	0.000001	0.000002	0.000003	0.000004	0.000004	0.000003	0.000003	0.000008
C13	0.000001	0.000002	0.000004	0.000011	0.000003	0.000004	0.000002	0.000004	0.000006	0.000006	0.000001	0.000014	1.000000	0.000010	0.000253
C21	0.000001	0.000001	0.000003	0.000011	0.000002	0.000009	0.000004	0.000005	0.000011	0.000034	0.000001	1.000000	0.000071	0.000014	0.000017
C22	0.000001	0.000002	0.000001	0.000003	0.000002	0.000004	0.000016	0.000009	0.000007	0.000003	0.000007	0.000005	1.000000	0.000004	0.000004
C23	0.000001	0.000001	0.000001	0.000010	0.000002	0.000004	0.000006	0.000009	0.000012	0.000010	0.000005	0.000022	1.000000	0.000017	0.000020
C31	0.000001	0.000001	0.000002	0.000026	0.000002	0.000004	0.000008	0.000007	0.000015	0.000051	0.000006	1.000000	0.000037	0.000030	0.000015
C41	0.000001	0.000006	0.000012	0.000035	0.000006	0.000055	0.000010	0.000021	0.000019	0.000176	0.000061	0.000024	1.000000	0.000031	0.000042
C42	0.000002	0.000001	0.000012	0.000039	0.000010	0.000084	0.000039	0.000046	0.000039	0.000167	0.000072	1.000000	0.000084	1.000000	1.000000
C51	0.000001	0.000002	0.000004	0.000012	0.000004	0.000010	0.000005	0.000011	0.000016	0.000007	0.000025	0.000063	1.000000	0.000036	0.000102
C52	0.000001	0.000001	0.000003	0.000009	0.000002	0.000012	0.000004	0.000010	0.000013	0.000005	0.000064	0.000082	1.000000	0.000026	0.000112
C53	0.000001	0.000004	0.000002	0.000004	0.000004	0.000001	0.000001	0.000005	1.000000	0.000002	0.000002	0.000008	0.000035	0.000024	0.000010
C54	0.000001	0.000068	0.000024	0.000064	0.000142	1.000000	1.000000	0.000015	0.000021	0.000051	1.000000	0.000126	1.000000	0.000084	1.000000
C55	0.000001	0.000001	0.000004	1.000000	1.000000	1.000000	1.000000	1.000000	0.000063	1.000000	1.000000	1.000000	1.000000	1.000000	1.000000

表 3-14 归一化后的同一度 a 的数值矩阵

经济指标	大连	沈阳	哈尔滨	锦州	长春	吉林	鞍山	营口	丹东	齐齐哈尔	大庆	佳木斯	辽源	葫芦岛	朝阳
C11	0. 999999	0. 980439	0. 762199	0. 111950	0. 643049	0. 272750	0. 316900	0. 122330	0. 086360	0. 295970	0. 551729	0. 044400	0. 000001	0. 071180	0. 041550
C12	0. 606739	0. 629209	0. 157300	0. 494380	0. 629209	0. 483150	0. 000001	0. 999999	0. 449440	0. 303370	0. 269660	0. 247190	0. 359550	0. 325840	0. 123600
C13	0. 736669	0. 591009	0. 266250	0. 095200	0. 325160	0. 240130	0. 402650	0. 262310	0. 167180	0. 166980	0. 999999	0. 072200	0. 000001	0. 097570	0. 003960
C21	0. 803939	0. 859749	0. 304160	0. 089850	0. 568369	0. 109060	0. 281740	0. 182030	0. 088750	0. 029150	0. 999999	0. 000001	0. 014020	0. 069320	0. 059680
C22	0. 781879	0. 487030	0. 999999	0. 286810	0. 557179	0. 250090	0. 063570	0. 107230	0. 142130	0. 372490	0. 135910	0. 187430	0. 000001	0. 260320	0. 225980
C23	0. 786439	0. 999999	0. 831719	0. 100850	0. 610339	0. 224890	0. 160300	0. 108580	0. 080830	0. 100760	0. 201190	0. 045190	0. 000001	0. 059530	0. 049140
C31	0. 810989	0. 999999	0. 416300	0. 037930	0. 556599	0. 267760	0. 130350	0. 147620	0. 066860	0. 019640	0. 175600	0. 000001	0. 027010	0. 033150	0. 065280
C41	0. 999999	0. 155560	0. 083720	0. 028170	0. 178040	0. 018090	0. 097420	0. 047550	0. 051420	0. 005680	0. 016280	0. 042380	0. 000001	0. 032300	0. 024030
C42	0. 625499	0. 999999	0. 083670	0. 025900	0. 101590	0. 011950	0. 025900	0. 021910	0. 025900	0. 005980	0. 013940	0. 000001	0. 011950	0. 000001	0. 000001
C51	0. 999999	0. 567729	0. 278380	0. 085130	0. 269320	0. 099590	0. 189300	0. 088450	0. 061030	0. 147090	0. 040080	0. 015980	0. 000001	0. 027670	0. 009850
C52	0. 999999	0. 904489	0. 382560	0. 107510	0. 415210	0. 084900	0. 228480	0. 096130	0. 077200	0. 193260	0. 015570	0. 012210	0. 000001	0. 038270	0. 008940
C53	0. 999999	0. 224490	0. 534869	0. 265610	0. 260600	0. 789529	0. 819489	0. 206630	0. 000001	0. 487270	0. 521259	0. 129130	0. 028810	0. 041660	0. 099120
C54	0. 999999	0. 014610	0. 042260	0. 015530	0. 007040	0. 000001	0. 000001	0. 064540	0. 047830	0. 019580	0. 000001	0. 007920	0. 000001	0. 011840	0. 000001
C55	0. 838889	0. 999999	0. 253970	0. 000001	0. 000001	0. 000001	0. 000001	0. 000001	0. 015870	0. 000001	0. 000001	0. 000001	0. 000001	0. 000001	0. 000001

表 3-15　归一化后的对立度 c 的数值矩阵

经济指标	大连	沈阳	哈尔滨	锦州	长春	吉林	鞍山	营口	丹东	齐齐哈尔	大庆	佳木斯	辽源	葫芦岛	朝阳
C11	0.000001	0.000001	0.000001	0.000009	0.000002	0.000004	0.000003	0.000008	0.000012	0.000003	0.000002	0.000023	0.999999	0.000014	0.000024
C12	0.000002	0.000002	0.000006	0.000002	0.000002	0.000002	0.999999	0.000001	0.000002	0.000003	0.000004	0.000004	0.000003	0.000003	0.000008
C13	0.000001	0.000002	0.000004	0.000011	0.000003	0.000004	0.000002	0.000004	0.000006	0.000006	0.000001	0.000014	0.999999	0.000010	0.000253
C21	0.000001	0.000001	0.000003	0.000011	0.000002	0.000009	0.000004	0.000005	0.000011	0.000034	0.000001	0.999999	0.000071	0.000014	0.000017
C22	0.000001	0.000002	0.000001	0.000003	0.000002	0.000004	0.000016	0.000009	0.000007	0.000003	0.000007	0.000005	0.999999	0.000004	0.000004
C23	0.000001	0.000001	0.000001	0.000010	0.000002	0.000004	0.000006	0.000009	0.000012	0.000010	0.000005	0.000022	0.999999	0.000017	0.000020
C31	0.000001	0.000001	0.000002	0.000026	0.000002	0.000004	0.000008	0.000007	0.000015	0.000051	0.000006	0.999999	0.000037	0.000030	0.000015
C41	0.000001	0.000006	0.000012	0.000035	0.000006	0.000055	0.000010	0.000021	0.000019	0.000176	0.000061	0.000024	0.999999	0.000031	0.000042
C42	0.000002	0.000001	0.000012	0.000039	0.000010	0.000084	0.000039	0.000046	0.000039	0.000167	0.000072	0.999999	0.000084	0.999999	0.999999
C51	0.000001	0.000002	0.000004	0.000012	0.000004	0.000010	0.000005	0.000011	0.000016	0.000007	0.000025	0.000063	0.999999	0.000036	0.000102
C52	0.000001	0.000001	0.000003	0.000009	0.000002	0.000012	0.000004	0.000010	0.000013	0.000005	0.000064	0.000082	0.999999	0.000026	0.000112
C53	0.000001	0.000004	0.000002	0.000004	0.000004	0.000001	0.000001	0.000005	0.999999	0.000002	0.000002	0.000008	0.000035	0.000024	0.000010
C54	0.000001	0.000068	0.000024	0.000064	0.000142	0.999999	0.999999	0.000015	0.000021	0.000051	0.999999	0.000126	0.999999	0.000084	0.999999
C55	0.000001	0.000001	0.000004	0.999999	0.999999	0.999999	0.999999	0.999999	0.000063	0.999999	0.999999	0.999999	0.999999	0.999999	0.999999

表 3-16 归一化后的差异度 b 的数值矩阵

经济指标	大连	沈阳	哈尔滨	锦州	长春	吉林	鞍山	营口	丹东	齐齐哈尔	大庆	佳木斯	辽源	葫芦岛	朝阳
C11	0.000000	0.019560	0.237799	0.888041	0.356949	0.727247	0.683097	0.877662	0.913629	0.704027	0.448269	0.955578	0.000000	0.928806	0.958426
C12	0.393259	0.370789	0.842694	0.505618	0.370789	0.516848	0.000000	0.000000	0.550558	0.696627	0.730337	0.752806	0.640448	0.674157	0.876392
C13	0.263329	0.408989	0.733747	0.904790	0.674837	0.759866	0.597348	0.737686	0.832814	0.833014	0.000000	0.927786	0.000000	0.902420	0.995787
C21	0.196060	0.140250	0.695837	0.910139	0.431629	0.890931	0.718257	0.817965	0.911239	0.970816	0.000000	0.000000	0.985909	0.930666	0.940303
C22	0.218120	0.512968	0.000000	0.713187	0.442819	0.749906	0.936414	0.892761	0.857863	0.627508	0.864083	0.812565	0.000000	0.739676	0.774016
C23	0.213560	0.000000	0.168280	0.899140	0.389659	0.775106	0.839694	0.891411	0.919158	0.899230	0.798805	0.954788	0.000000	0.940453	0.950840
C31	0.189010	0.000000	0.583698	0.962044	0.443399	0.732237	0.869642	0.852373	0.933125	0.980309	0.824394	0.000000	0.972953	0.966820	0.934705
C41	0.000000	0.844434	0.916268	0.971795	0.821955	0.981855	0.902570	0.952429	0.948561	0.994144	0.983659	0.957596	0.000000	0.967669	0.975928
C42	0.374499	0.000000	0.916318	0.974061	0.898400	0.987966	0.974061	0.978044	0.974061	0.993853	0.985988	0.000000	0.987966	0.000000	0.000000
C51	0.000000	0.432269	0.721617	0.914858	0.730677	0.900400	0.810695	0.911539	0.938954	0.852903	0.959895	0.983957	0.000000	0.972294	0.990048
C52	0.000000	0.095510	0.617438	0.892481	0.584788	0.915088	0.771516	0.903860	0.922787	0.806735	0.984366	0.987708	0.000000	0.961704	0.990948
C53	0.000000	0.775506	0.465129	0.734387	0.739396	0.210470	0.180510	0.793365	0.000000	0.512728	0.478739	0.870862	0.971155	0.958316	0.900870
C54	0.000000	0.985322	0.957716	0.984406	0.992818	0.000000	0.000000	0.935445	0.952149	0.980369	0.000000	0.991954	0.000000	0.988076	0.000000
C55	0.161110	0.000000	0.746026	0.000000	0.000000	0.000000	0.000000	0.000000	0.984067	0.000000	C.000000	0.000000	0.000000	0.000000	0.000000

加权后的同一度 a、差异度 b 及对立度 c 的值如表3-17所示。根据集对模型，计算相对贴近度 $f_k = a_k/(a_k + c_k)$，可得东北城市相应的 f_k 值，见表3-18。

表3-17　东北城市加权后的同一度 a、差异度 b 以及对立度 c 的值

备选城市	a	b	c	$f = a/(a+c)$
大　连	0.896425	0.103574	0.000001	0.999999
沈　阳	0.556660	0.443330	0.000010	0.999982
哈尔滨	0.323470	0.676522	0.000008	0.999976
锦　州	0.099429	0.878747	0.021824	0.820014
长　春	0.333779	0.644402	0.021819	0.938641
吉　林	0.166710	0.700768	0.132521	0.557128
鞍　山	0.176834	0.648359	0.174808	0.502880
营　口	0.145611	0.840576	0.013814	0.913351
丹　东	0.079550	0.857134	0.063317	0.556812
齐齐哈尔	0.123105	0.855029	0.021866	0.849171
大　庆	0.240762	0.626713	0.132524	0.644980
佳木斯	0.047792	0.684378	0.267830	0.151422
辽　源	0.021397	0.330186	0.648417	0.031944
葫芦岛	0.062012	0.842761	0.095227	0.394381
朝　阳	0.046751	0.747318	0.205931	0.185018

表3-18　东北城市 f_k 值

城　市	大　连	沈　阳	哈尔滨	长　春	营　口
$f = a/(a+c)$	0.999999	0.999982	0.999976	0.938641	0.913351
城　市	齐齐哈尔	锦　州	大　庆	丹　东	吉　林
$f = a/(a+c)$	0.849171	0.820014	0.644980	0.556812	0.557128
城　市	鞍　山	葫芦岛	朝　阳	佳木斯	辽　源
$f = a/(a+c)$	0.502880	0.394381	0.185018	0.151422	0.031944

根据 f 的值大小的排序，可以得出东北地区区域物流节点的

选址方案。大连 f 值排名第一，在该定量分析结论的基础上，结合大连城市的实际发展情况和发展区域物流的定性分析，大连应定位于成为东北地区的区域物流中心；而紧随其后的哈尔滨和沈阳，也将成为东北地区区域物流节点的重要选择；长春作为吉林省的省会城市，在集对分析得出的 f 值中也具有较高排名，同时考虑到长春的发展对整个吉林省的带动作用，因而也可以将其作为东北地区区域物流节点的备选城市。另外，营口在 15 个城市中排名第五，且贴近度值也超过 0.9，考虑到 2004 年以来营口港的建设和发展，目前已经进入全国十大港口之列。营口港由于地理位置的优势，将成为继大连港之后东北地区最重要的港口，对东北地区经济的发展起到重要的推动作用，从而把营口也作为第一级的物流园区选址城市。

余下 10 个城市中，齐齐哈尔、丹东、锦州、吉林、鞍山、大庆可以作为二级综合物流节点，承担货物区域分拨、区域配送的功能。而佳木斯、辽源、葫芦岛、朝阳则可以作为三级的物流节点，主要承担区域配送、城市配送的物流服务功能。

在本书中，为了计算的方便，只列出了 15 个城市，因此部分应作为二级节点和三级节点的城市在这里并没有列出。

3.4 对东北地区重要物流节点的分析

通过以上集对方法的分析，可以对东北地区一级和二级物流节点进行分析。

3.4.1 一级物流节点的分析

从定量分析来看，大连、哈尔滨、沈阳的贴近度值 f 均超过 0.99，相比于其他城市具有较大优势，而长春是吉林省的省会，营口则由于营口港的开发建设，对推动整个东北物流成本的降低具有重要的意义，因此把这 5 个城市作为东北地区一级物流节点的选址。从定性分析的角度，大连凭借优良的港口条件、优越的经济环境和优惠的政策扶持，近年来已经超过省会城市沈阳，成为辽宁乃至东北地区最成熟的物流节点城市，哈尔滨、沈阳、长春是黑吉辽地区政治、经济、文化的中心，在区域物流的发展中具有核心和枢纽地位。大连、哈尔滨、沈阳、长春四大主要城市的GDP之和占东北地区GDP总量的60%以上，四大城市对外贸易总额占东北地区对外贸易总额的近一半（图3-3）。因而，应把大连、哈尔滨、沈阳、长春、营口作为东北地区一级物流节点大力发展。

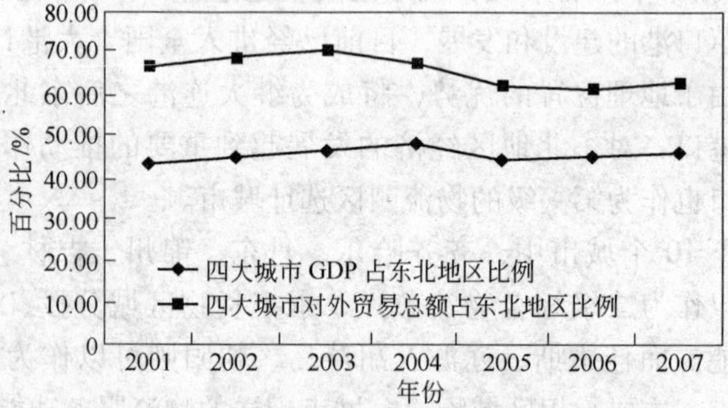

图3-3　2001～2007年四大城市GDP及对外贸易总额占东北地区比例
（资料来源：《中国区域经济统计年鉴》2002～2008年。）

首先，选定的东北地区物流一级节点要充分发挥各自的比较优势。一方面，在五大一级节点城市之中，大连市处于核心地位。从东北地区范围来看，大连位于辽东半岛最南端，东濒黄海，西临渤海，与山东半岛隔海相望，是东北广阔腹地的主要出海口；从环渤海地区范围来看，大连位于东北经济区、环渤海经济区的交会点，是华北、华东的海上门户；从东北亚地区范围来看，大连是东北亚地区连通欧洲各国的重要海陆交会点，处于东北亚经济圈的中心，是东北亚重要的区域城市。优越的地理位置使大连的港口建设位居东北地区首位，2007年大连货运量高达321287kt，其中水运货运量84474kt，遥遥领先于其他省会城市和港口城市。在港口建设的带动下，大连市的综合实力不断增强，对外开放程度、国际化水平显著增强，近年来大连的对外贸易取得了飞速发展，区域物流需求越发迫切。所以大连在东北地区区域物流一级节点中，是对外联系的窗口，应充分发挥港口优势，强化其在区域物流中的枢纽作用。大连对比其他主要城市的对外贸易总额发展见图3-4。

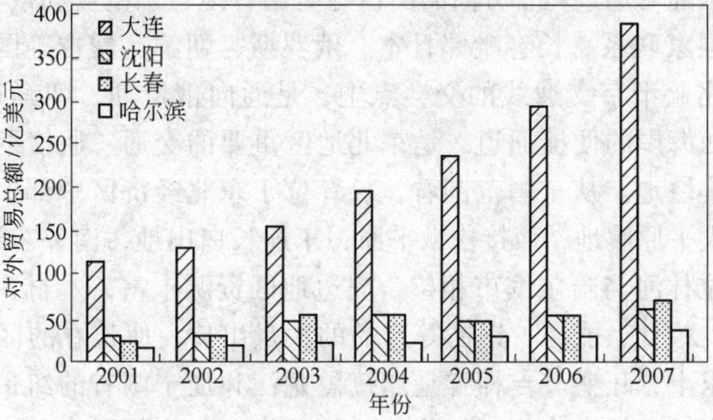

图3-4 2001~2007年大连对外贸易总额对比
（资料来源：《中国区域经济统计年鉴》2002~2008年。）

另外，沈阳、长春、哈尔滨作为东北地区区域物流一级节点，也分别具有发展优势。沈阳是我国东北地区最大的铁路枢纽，是京哈、沈大、沈丹、沈抚、沈吉、沈阜等铁路的交会处，具有东北地区技术最先进、规模最大、能力最强的路网性枢纽编组站，并与朝鲜、蒙古、俄罗斯直接相通。沈阳桃仙国际机场是全国六大地区性枢纽机场之一，共开辟航线74条，其中国内63条，国际11条，货运吞吐量60kt左右。沈阳是全国公路网密度最高的中心城市，已经形成以沈阳为中心的“一环五射”的高速公路框架，沈阳距离大连港的最短车程仅3h。哈尔滨市地处东北亚中心位置，是一条欧亚大陆桥和空中走廊的重要枢纽，对外是沟通日本、韩国、俄罗斯的重要通道，对内是沟通全国各地与俄罗斯和东欧等国家的重要桥梁，在对俄罗斯及东欧国家经济合作中具有重要的战略位置，是我国东北黑河、绥芬河、珲春和满洲里4个沿边开放城市的连接点。哈尔滨已基本形成以5条铁路（京哈、滨绥、滨洲、滨北、拉滨），10条国、省级公路（京哈、同三、哈大、哈萝、哈伊、绥满、哈绥、方通、方虎、哈五），航空港和松花江航运系统为骨架的交通网络，水陆可通过三个方向的出口与全国各地、东南亚和俄罗斯、东欧国家联系。长春毗邻日本、俄罗斯、朝鲜、蒙古等国，位于东北亚十字交通线的交会点上，是通向俄罗斯、朝鲜东岸、日本西海岸的便捷通道，是东北地区重要的交通、通信枢纽和物资集散地。从全国范围看，长春位于东北经济区中部，地处东北大平原腹地，西接松嫩平原，东连长白山地，南邻东辽河，北隔拉林河与哈尔滨市相望，周边地区资源丰富，木材、农牧产品、粮食、能源、钢铁等产品的大量出口，使长春的区域物流需求十分旺盛。吉林省是连接黑龙江和辽宁两省的纽带，选择省会城市长春作为区域物流一级节点，起到贯通南北，连接黑吉辽三省的作用。营口现已建成集装箱、滚装汽车、粮食、矿石、煤炭、成品油和液体化工等专业码头，现已跨入全国十大港口之列。营口在与大连的配合中越来越多地发挥着发展仓储及保税区域自由港、东北亚地区性转口贸易中心和远洋集装箱中转港的功能，同时营口自身也可独立发展成为大宗散货和石化产品物流中心和集装箱枢纽，利用鞍山、沈阳等经济腹地的钢铁、化工、机械等产品资源和交通网络资源，作为东北地区区域物流的直接窗口，分担大连港的航运压力。

另外，东北地区物流一级节点之间应形成有机整体，在内部实行有效配合和分工。在一级节点中，应形成以大连为核心，沈阳、哈尔滨、长春、营口协作配合的运作模式。大连（营口）、沈阳、长春、哈尔滨在地理位置上可大致连成一条直线，该直线贯穿东北三省，沿此条主线发展东北地区区域物流，可以带动东北地区内陆省份和内陆城市，活跃整个东北地区物流业。哈尔滨、长春、沈阳以其发达的铁路、公路网络，成为大连的经济腹地，为大连和营口提供物流货源支持和运输保障。大连（营口）作为东北地区对外开放的窗口，运用其雄厚的港口实力，将东北地区丰富的资源类产品及钢铁、机械、化工等传统的工业产品输出国门，促进东北地区更大程度地参与国际分工。

3.4.2 二级物流节点的分析

东北地区区域物流节点规划应体现出层次性特点，在划分区域物流一级节点后，一些具有潜力的其他城市，也可以作为东北地区区域物流二级节点加以强化发展，形成有机协作的整体，并为东北地区区域物流一级节点提供保障和支持，这样构成一个完整的物流网络。

从定量方面看，基于集对分析得出的结论，锦州、鞍山、吉林、大庆、丹东、齐齐哈尔的贴近度值继一级节点城市之后，位列较高名次，可以作为东北地区区域物流二级节点发展；从定性方面看，该六座城市的区位优势和经济水平也达到东北地区物流二级节点的条件。

第一，东北区域物流二级节点的港口城市应明确自身定位，加强与大连的合作。锦州、丹东分别位于大连的正北、西北和东北位置，如同大连辐射东北经济腹地的助手，在内陆城市与大连的交通网络中起到衔接作用。锦州现已成为东北西部最便捷的海上进出口商品通道，已和世界 30 多个国家和地区建立了通航关系。丹东港是辽宁沿海港口群中唯一的东部港口，虽然目前丹东港的建设规模、吞吐能力弱于大连、营口枢纽港口，但其战略位置和作用是其他港口所不能替代的。丹东与锦州分别位于辽宁省的东西部，如同大连伸入东北东部和西部地区的两个拳头，未来可以定位于东北区域物流地区性港口，分别带动各自地区的区域物流发展。东北地区未来港口发展中，应建立起以大连和营口为中心，锦州、丹东为两翼，葫芦岛等其他小港为补充的港口格局。

第二，东北物流二级节点中的内陆城市在发展战略上也应以本地区内的一级节点为中心，加强与一级节点城市的铁路、公路网络建设，为一级节点城市提供货物的转运、仓储、加工等服务，同时利用自身的产业优势，为一级节点提供货源保障。

齐齐哈尔与大庆同属于黑龙江省，位于省内一级节点城市哈尔滨的西北部。两座城市在黑龙江城市排名中仅次于哈尔滨，分列第二和第三，城市综合实力雄厚。齐齐哈尔是国家最早兴建的老工业基地之一，已经建成以重型机械、冶金工业为主体，包括化工、轻工、纺织、建材、食品、电子、医药等门类齐全的工业体系。齐齐哈尔是跨黑龙江、吉林、内蒙古自治区三省区的交通枢纽，铁路四通八达，水上运输北通黑河、东通哈尔滨、佳木斯等地。大庆是中国最大的石油工业基地，2007 年全市实现工业增加值 1506.4 亿元，同比增长 9.9%；规模以上工业企业达 430 户，实现增加值 1425.4 亿元，同比增长 9.8%。规模以上工业重点行业中，石油和天然气开采业实现增加值 1185.1 亿元，同比增长 4.4%。大庆交通四通八达，滨洲铁路、让通铁路和规划中的哈大齐城际铁路在市内交会。在东北地区区域物流节点体系的建设中，应加强齐齐哈尔、大庆与哈尔滨的联系，一方面通过发达的铁路、公路和水运网络积极配合吉林省和辽宁省，促进东北三省区域物流发展一体化；另一方面，身处中国最北方省份，齐齐哈尔、大庆应发挥自身优势，配合哈尔滨拓展边境贸易，尤其发展对俄罗斯等北欧国家和地区的贸易。

吉林是吉林省第二大城市，铁路网络发达，长图线、沈吉线、吉舒线三条铁路在吉林站交会，把吉林与长春、沈阳、哈尔滨这三个东北省会城市紧紧联系在一起；公路网络密布，初步形成了以高速长吉线、吉珲线、国道黑大线、珲乌线、省道五桦线、榆江线、长吉北线为骨架的“五纵四横一环”网状格局。吉林未来应定位于长春的辅助城市，凭借发达的陆路运输优势，辅助长春成为贯通南北，连接东北三省的区域物流要道。

鞍山是东北地区最大的钢铁工业城市，在钢材出口的拉动下，2007年出口总额仅低于大连、沈阳，居辽宁省第三位。鞍山全年完成出口总额24.1亿美元，比上年增长12.6%，其中钢材制品出口19.4亿美元，比上年增长8.0%，占鞍山出口的80.6%。鞍山中心距沈阳仅89km，长大铁路、沈大高速公路纵贯南北，便利的交通环境可以充分发挥鞍山对一级节点沈阳的承接、转运、仓储功能。鞍山应着眼于成为沈阳的辅助城市，利用钢铁出口的巨大潜力为沈阳乃至整个东北地区提供充足的货源保障，同时利用发达的交通网络，分担沈阳的陆路运输压力，更好地完成货物到达沈阳后的中转、流通等环节的工作。

本章在对区域物流节点相关理论与方法进行综述的基础上，利用集对分析结合层次分析法进行了东北地区区域物流节点的选择分析。集对分析方法克服了传统选评方法对不确定因素和对立因素的忽视，在肯定不确定性因素影响的同时，提出如何把确定性与不相容性这两种相互对立的因素结合起来进行量化评价，因此在节点的选择分析中更加科学合理。

本章选取了东北地区15座城市，运用集对分析法结合层次分析法对备选城市进行综合评价，将评价结果作为东北地区国际物流节点层次划分的依据。根据分析结果，大连、沈阳、哈尔滨、长春、营口应作为东北地区区域物流一级节点，其中大连和营口将充分发挥港口枢纽的作用，在东北地区国际贸易以及与国内其他港口的物流衔接中发挥重要作用；而沈阳、哈尔滨和长春则作为地区中心城市，发挥地方经济龙头和交通枢纽的作用，作为辽宁、黑龙江和吉林三省的物流业发展核心。齐齐哈尔、吉林、大庆、锦州、丹东、鞍山可以作为东北地区区域物流二级节点，二级物流节点主要承担区域货物分拨和区域配送的功能。一二级节点之间应明确定位、加强配合，共同促进东北地区区域物流节点建设。

4 省域区域物流规划案例

4.1 山西省物流发展的总体战略

4.1.1 山西省物流发展的指导思想与战略目标

4.1.1.1 指导思想

坚持“政府引导、行业拉动、企业运作、整体规划、分步实施”的发展原则，以现代物流理念为指导，确立山西省的物流发展战略。

指导思想：坚持以市场为导向，以企业为主体，以信息技术为支撑，以构建高效完善的物流网络、提高综合物流能力为中心，以发展高效的道路运输体系和城市配送体系为切入点，积极整合现有物流资源，促进传统产业的升级和经济结构调整，努力构筑现代物流服务环境，提高山西省的物流服务水平。

4.1.1.2 山西省发展现代物流的发展战略

山西省发展现代物流的发展战略是：坚持统筹规划，加强宏观政策指导，以市场为导向、企业为主体、政策为引导，为综合物流的发展创造良好的环境。以综合物流园区建设为战略重点，以提高劳动生产率和社会化服务为根本目的，构造现代物流服务环境和综合物流体系。

4.1.1.3 总体目标

山西省物流发展的总体目标是：以山西省综合交通运输体系为依托，整合现有物流资源，采用先进的物流管理技术和物流设施装备，构建山西省现代物流平台和信息平台，建立多功能、多层次的现代物流服务网络体系。在5年内基本建成以综合物流园区、专业物流中心和配送中心以及运输服务中心为节点，以大运高速公路为主干线的高效的物流网络设施；并构建完善的物流信息平台，为山西省的物流发展创造良好的环境条件。

以道路运输、商贸流通为依托，充分发挥山西省的优势，大力构筑物流平台和信息平台，即以现代综合交通体系和物流网络为主的物流平台和以邮电通信及网络技术为主的信息平台，并辅以相关物流政策的引导、协调、规范和扶持，培育现代物流业市场主体，加快现代物流基地规划与建设步伐，充分利用现代信息技术，加快发展电子商务，推进物流和商流的网络化，基本形成包括交通运输、配送服务、加工代理、仓储管理、信息网络、营销策略等多环节组成的多功能、多种层次的现代物流服务网络体系，推动山西省现代物流业的发展。

4.1.1.4 阶段性目标

物流发展分为三个阶段：

(1) 近期目标：2～3年内，以大运高速路为主动脉的运输体系为依托，整合传统的运输和仓储资源，建成太原、大同、侯马中心三个物流园区，初步构筑山西省物流网络和信息平台，并扶持一批运输仓储企业发展成为现代物流企业，提高山西省的专业物流服务能力。

(2) 5年内：完善物流网络系统和物流信息系统的建设，在重点城市建设48个专业化的、综合性的物流中心和配送中心。同时推进物流企业的规范化和标准化，使山西省物流服务达到国内先进水平。

(3) 8年内：进一步完善山西省的物流运输体系，在每个县级市（50万人）以上地区建设运输服务中心，从而形成多功能、多层次的物流网络和服务体系。培育一批有竞争力的名牌物流企业，全面提高物流服务水平。

4.1.2 山西省物流发展的总体思路

4.1.2.1 总体思路

（1）现代物流业发展以公路、铁路、航空、商贸流通为依托，大力构筑以现代化综合交通体系为主的物流运输平台，以网络技术为主的信息平台。

（2）培育第三方物流业市场主体，促进交通运输业经营战略转变和经营结构调整，发挥自身优势，融入现代物流。

（3）加快现代物流中心及信息中心规划与建设步伐。充分利用现代信息技术，推动电子商务发展，推进物流和商流的网络化。基本形成由交通运输、配送服务、加工代理、仓储管理、信息网络、营销策略等组成的能与国内外接轨的现代化物流中心。

（4）发展若干条沿海主要港口和与山西省连接的国际货物多式联运通道，促进山西省进出口贸易发展和对外开放的需要。

4.1.2.2 发展模式

主要构筑“六位一体”的发展模式，即：

一是以市场信息为先导，以信息网络为依托，建立全省网络系统，实现国内国际联网。装备先进的信息技术和设备，适应不同企业、不同层次的需求，提供不同的服务方式与手段。

二是以产品加工配送为主业，实现商品包装、运输、储运、流通、加工、配送和物流信息功能运作，建立物流系统。

三是以多式联运为手段，建立公、铁、空运相互衔接配套的运输网络，为客户提供快捷配送服务。

四是以现代仓储为基础，通盘规划建设综合性、专业性的太原省级物流中心和大同、侯马两个南北物流配送中心。

五是以金融保险配套为内容，对物流配送的产品吸纳银行、保险机构加盟，实施产品金融质押或保险索赔业务，增强物流中心的资信度。

六是以标准服务为品牌，建立标准化服务体系，培育发展现代物流业主体，塑造物流企业形象。

4.1.2.3 实施模式

总体规划，分步实施；政府搭台，企业唱戏。

4.2 山西省物流总体规划

现代物流业属于高投入、高效益的行业，山西省物流网络的建设是一项巨额投资、规模宏大、耗时长、难度大、要求高的系统工程。根据山西省经济发展水平、产业分布情况、物资的流量、流向及目前物流市场的需求，我们认为：依托山西省贯通南北的大运高速公路、同蒲铁路以及武宿航空港。物流园区规划建设的总体布局应以太原武宿园区为中心，大同、侯马物流园区为分中心，形成主骨架网络辐射全省。随着山西省经济的发展和物流的需要，建设运城、长治、朔州、忻州、离石、阳泉、晋城、运城物流节点站和县级物流配送站，形成全省网络。

山西省物流发展要采取“政府支持、行业组织、企业运作、集中资金、按规划实施”的方法，初步建成以焦炭中转、物资集散与城市配送物流为主，辐射全省，连接铁路、民航、公路的太原武宿物流园区，作为全省的物流主枢纽；以煤炭外运及其转化新产品物流为主的大同物流园区（分中心）作为晋北物流集散中心；以小商品集散和时鲜产品物流为主的侯马物流园区（分中心）作为晋南、晋东南物流集散中心。

4.2.1 山西省现代物流体系总体框架

4.2.1.1 山西省物流体系总体框架

山西省物流体系的总体框架如图 4-1 所示，分为 4 个层次，包括基础条件、物流网络、物流运作、物流指导。物流基础条件包括公路、铁路、航空等基础运输，信息基础设施以及政策环境、物流人才等；物流网络层包括综合物流中心、区域物流中心、城市配送中心和运输服务中心等；物流运作层包括物流企业、制造企业、经销企业、外贸企业和货代企业等。由这四个层次形成了山西省的现代物流体系。

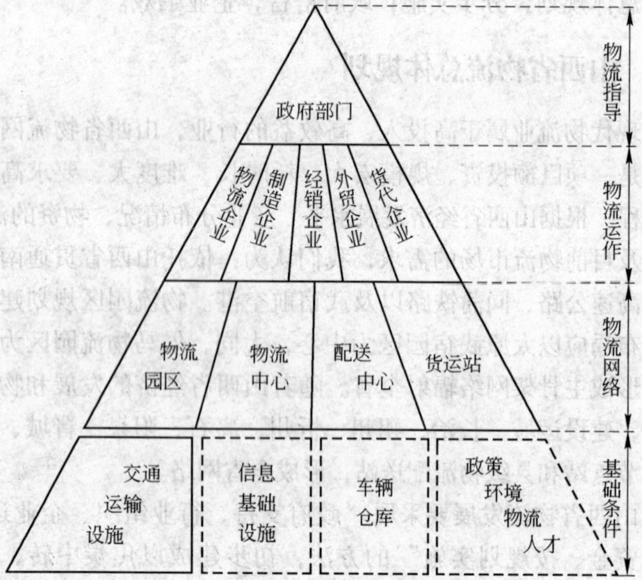

图4-1 山西省物流体系总体框架

当前山西省基本具备了发展现代物流的基础条件，但满足物流网络等现代物流设施还基本处于空白，整个物流市场存在规模小、不规范、功能不齐全等现象。因此，山西省物流规划应积极构建现代物流网络和物流信息平台，重点培育一批比较规范的第三方物流企业，促进现代物流的发展。

4.2.1.2 物流网络结构

物流网络是指以多个物流中心统一布局、合理分工、相互衔接为节点，形成覆盖一定区域范围的网络。山西省物流网络的基本结构如图 4-2 所示，是由 3 层 4 类物流节点组成的物流网络。从层次上可以分为一级物流节点、二级物流节点和三级物流节点；物流节点包括物流园区、物流中心、城市配送中心和货运站等 4 类；由这 4 类不同层次的物流节点，构成了山西省物流网络雏形。各类物流节点的功能和特点如下：

物流园区：位于山西省的交通枢纽位置，主要功能为进口商品的分拨、中转、仓储和区域配送以及出口商品的集货、中转、拼装箱、仓储、包装、进出口报关等。应具备集装箱货运站的功能。配送终点为物流中心或城市配送中心。

物流中心：位于山西省商品集散地，主要功能为进省商品的分拨、中转、仓储和区域配送以及进出省商品的集货、中转、拼装箱、仓储、包装等。配送终点为城市配送中心或大客户自有仓库。应具备集装箱货运站的功能。

城市配送中心：位于各个城市，主要功能为进省商品的城市配送，配送对象为最终客户，如工厂、商店、饭店、连锁店、超市等。

货运站：在人口超过 30 万人的城市乡镇，建设货运站，作为公路运输的中转货栈，主要功能为公路货运的中转、换载、拼装、维修、后勤服务等。

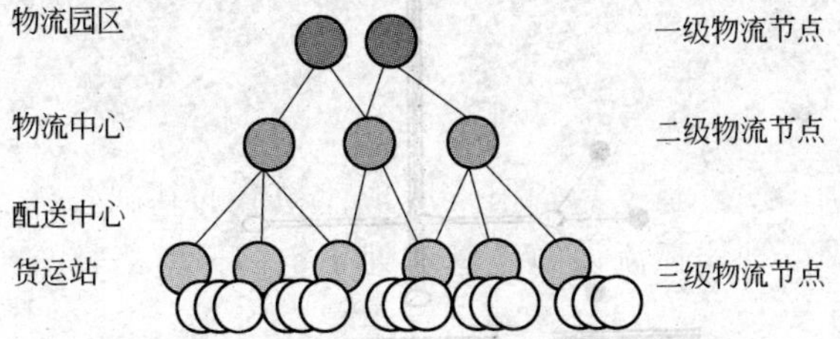

图 4-2 山西省物流网络的基本结构

4.2.1.3 物流节点的功能定位

一级物流节点（物流园区）的功能：具备集货、分拨、中转、储存、流通加工、配送、信息服务等功能。

二级物流节点（物流中心）的功能：具备集货、分拨、中转、储存、流通加工、配送、信息服务等其中 4 项以上主要功能。

三级物流节点（配送中心、货运站）：具备配送、中转、信息服务或集货的一项或多项功能。

4.2.1.4 物流网络模型

以大运高速公路为主骨架，以太原—旧关、太原—军渡、侯马—晋城、侯马—禹门口、大同—孙启庄公路为延伸两翼，构建物流网络通路；以太原、大同、侯马为中心，以 48 个中等城市为节点联系全省；附加遍布全省乡镇的货运站，构建山西现代化物流网络，其模型如图 4-3 所示。

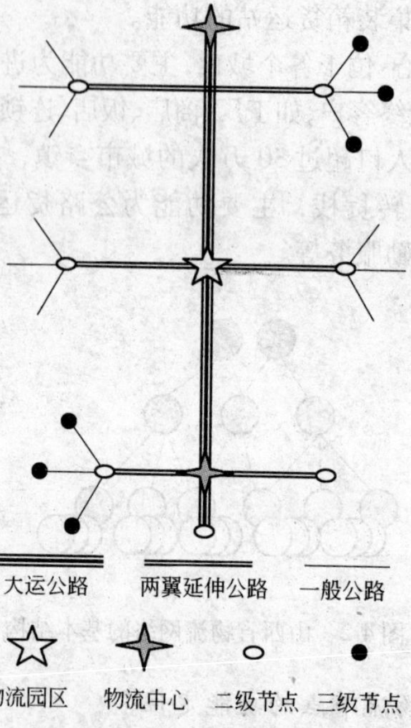

图 4-3 山西省物流网络模型

4.2.2 物流网络规划的目标与原则

4.2.2.1 规划目标

山西省物流网络规划的基本方针是：以太原物流中心为核心，以大运高速公路为主骨架，以太原—旧关、太原—军渡、侯马—晋城、侯马—禹门口、大同—孙启庄公路为延伸两翼，构建物流网络通路；以太原、大同、侯马为中心，以48个中等城市为节点联系全省；附加遍布全省乡镇的货运站，构建一个贯穿南北、横跨东西、覆盖全省、辐射全国的现代化物流网络。

4.2.2.2 布局原则

物流网络的布局规划应考虑以下因素：

(1) 交通条件。物流网点必须具备方便的交通运输条件，最好靠近交通枢纽进行布局，如紧临交通主干道枢纽、铁路编组站或机场，有两种以上运输方式相连接。例如，区域型的物流园区，规模较大，大都使用多式联运，应设置在城市边缘地区的交通干道或高速公路的出口附近。

(2) 商品特性。经营不同类型商品的物流网点最好能分别布局在不同地域，如生产型物流园区的商品种类与产业结构、产品结构、工业布局有着密切的联系；生活型物流园区的商品种类与城市居民消费水平、生活方式密切相关。

(3) 国土资源利用。物流网点的规划应贯彻节约用地、充分利用国土资源的原则。物流园区一般占地面积较大，周围还需留有足够的发展空间，为此地价的高低对布局规划有重要影响作用。此外，物流园区的布局还要兼顾区域与城市规划用地的其他要素，尽可能与城镇规划相结合。

(4) 环境保护要求。物流网点的布局需要考虑保护区域自然环境与人文环境等因素，尽可能降低对城市生活的干扰。对于大型转运枢纽，应适当设置在远离市中心区的地方，使得大城市交通环境状况能够得到改善，城市的生态建设得以维持和增进。

4.2.3 物流网点的选点与布局

4.2.3.1 物流园区的选点

（1）物流园区的选点原则：

1）应符合山西省发展规划及各地区总体规划。物流中心规划和建设首先应符合城市总体规划和布局，符合城市产业空间布局和产业结构调整的需要，符合城市管理的长远需要，符合城市的功能定位和发展战略。

2）选择交通枢纽中心地带，使物流园区网络与运输枢纽网络相适应。

3）至少有两种以上运输方式连接，特别是公路和铁路；与公路、铁路主干线或机场相协调，与各种运输方式及货源集散地相衔接，与城市道路和公路、铁路、航空等立体交通网络相贯通，以利于提高综合运输效率。

4）选择地价较低的地段。物流中心园区一般占地面积较大，周边还须留有发展余地，地价的高低对物流中心的选址有重要影响，因此应选择地价较低的地段。

5）兼顾规划的超前性和实施的可行性。按统一规划、远近结合、新旧兼容、分期实施的原则，合理利用原有站点及设施，以节省投资，提高效益。

（2）物流园区的选点：

1）太原武宿物流园区：以焦炭中转、物资集散与城市配送物流为主，辐射全省，连接铁路、民航、港口的物流园区，作为全省的物流主枢纽；

2）大同物流园区：以煤炭外运及其转化新产品物流为主，作为晋北物流集散中心；

3）侯马物流园区：以小商品集散和时鲜产品物流为主，作为晋南、晋东南物流集散中心。

4.2.3.2 物流中心的选点与布局

物流中心的选点原则包括：为主要地区级城市，具备铁路、公路运输条件；是铁路运输或公路运输的枢纽；有高速公路或至少国道通过；城市人口超过100万。

物流中心选点方案：在11个城市建设物流中心，这些城市为临汾、运城市、河津市、晋城市、长治市、霍州市、柳林、文水、阳泉、忻州、朔州。

4.2.3.3 配送中心的选点

配送中心的选点原则为：人口超过30万的城市；货物集散城市；有高速公路或至少国道通过。

配送中心选点：共25个点，具体城市包括洪洞县、临县、临猗县、泽州县、榆次市、高平市、平遥县、原平市、永济市、万荣县、孝义市、阳城县、汾阳市、闻喜县、芮城县、介休市、夏县、长子县、浑源县、稷山县、平定县、五台县、新绛县、翼城县、大同县。

4.3 山西省公路运输体系规划

4.3.1 公路运输系统与物流系统的关系

4.3.1.1 主干公路运输系统与物流系统的关系

（1）扩大物流规模，带动物流产业增长：区域公路运输系统的不断完善，将对物流发展产生明显的促进效果。例如通过大运高速公路的建设，其辐射和吸引作用可以形成更具活力的物流产业和更大半径的配送服务范围，使物流产业呈现快速增长的势头。山西省的区域公路运输系统的进一步完善将对今后一定时期物流业的发展创造广阔空间。

（2）提高物流服务水平，优化物流网点配置：区域公路运输系统的建立与整体水平的提高，可加速社会物质的循环，从而促进经济运转需要的物流网点的合理配置。传统的物资企业大多需要置备大面积的仓库，而在高水平区域公路运输系统环境下，散置在各地的仓库能迅速连接起来，经过科学规划和重组，建立现代物流体系，物流服务半径和货物集散空间会有所扩大，服务水平也将有所提高。

(3) 促进物流活动合理化，整合物流体系功能：建立高水平的区域公路运输系统，突出交通运输业的基础产业地位，可以充分发挥该区域物流活动的区位优势。在区域公路运输系统建设中，把交通网络规模扩展与提高技术等级、发展快速通道有机结合起来，推进交通结构调整，加快向现代化、集约化方向发展，促进物流体系功能整合。

4.3.1.2 城市公路运输系统与物流体系的关系

城市公路运输系统（主要指城市货运公路运输系统）是城市经济、社会活动赖以生存和发展的基本条件，城市物流量的空间分布直接受城市布局的制约。城市布局不同，不仅影响货物的种类和数量，还直接影响到货物的流向与周转量。为此，在进行货运交通规划工作之前，需要对城市经济社会发展规划、土地开发利用规划进行深入的调查分析，掌握基本数据和情况，使货运交通规划方案更加符合实际。

城市货运公路运输系统的内容包括三个层次：

(1) 过境货物运输。它与城市在地域内的位置有关，与城市的生产、生活关系较小，有些经过市区，有些经城市中转。过境货运交通宜布置在城市外围，避免对市区造成不必要的干扰。

(2) 出入市货物运输。它与城市对外辐射的能力有密切关系，一是中心城市与市辖范围内各县城之间的联系，二是市际间乃至国际间的联系。各种等级的城市在其经济区域内部有承上启下的功能。中心城市的职能越强，其出入市货运交通量就越大，规划建设好区域交通网对发挥中心城市的职能十分重要。

（3）市内货物运输。它是和城市自身生产、生活和基本建设有关的货运。不同性质、规模的城市其上述的数值也不相同。一般中小城市过境物流量大，而大城市是出入市及市内物流量大，因此，在做货运交通规划时，应视具体情况而有所侧重。

4.3.2 城市道路体系的规划

城市道路应能满足城市物流的要求，以及特殊运输和环境保护的要求，并与物流流向相结合。

城市货运道路是城市货物运输的重要通道，应满足城市自身的大型设备、产品以及抗灾物资的运输要求。其道路标准、桥梁荷载等级、净空界限等均应予以特殊考虑。城市对外货运交通的出入口数量，应根据城市土地使用、出入市货物流向和流量而定，一般不少于3个，并与对外公路网联系起来。若出入口数量太少，会使流量过分集中，使城乡结合部的道路不胜负担，若道路发生交通事故或不幸灾害，则交通问题更加严重。

（1）城市道路上高峰时货运交通量大于600辆标准货车/小时，或每天货运交通量大于5000辆标准货车时，应设置货运专用车道。

（2）城市货运道路是城市干路的重要组成部分。目前山西省城市中货运机动车约占机动车总数的60%~70%。由于货运车辆比客运车辆重、速度慢、交通量大、噪声大、振动大、污染严重，对道路通行能力、城市环境和行车安全影响较大。因此，在道路网规划中，要明确划分出货运道路，使主要的货运车辆集中在几条干路上行驶。

（3）货运专用车道，应满足特大货物运输的要求。

（4）城市的重要货源点与集散点之间应有便捷的货运道路。大、中城市的市内物流量约占全市物流量的50%~60%，并且物流量大量集中在主要货源点与集散点之间的联络道路上。规划货源点与集散点之间的直接通路或货运干路，对缩短货运距离、改善城市交通环境、提高运输效率均具有重要作用。

（5）大型工业区的货运道路，不宜少于两条。

（6）当昼夜过境货运车辆大于5000辆标准货车时，应在市区边缘设置过境货运专用车道，以避免过境货运车辆对市区道路交通的干扰。

4.3.3 山西省公路运输系统规划建议

随着山西省经济的发展和人民生活水平的不断提高，末端物流和配送的市场需求越来越大，而末端物流和配送的主要运输主体是公路运输，公路运输在现代物流体系中所占的比重将越来越大。因此山西省发展现代物流，构建现代化的物流网络和体系，提高全省的物流服务水平，必须具备适应现代物流系统需求的高效的公路运输体系。为此应大力发展山西省的公路运输，对山西省原有的公路网络和运输车辆进行调整和改造。

4.3.3.1 公路网络的建设

（1）优化网络布局，降低运输成本。现代物流是高科技产业，要使山西省的物流网系统最优化、成本最小化，必须优化干线公路运输网络，合理选择各种运输方式。

（2）要调整总体的投资方向，优先发展现代物流的基础设施和系统。例如根据物流业务的需求，大力发展公路干线运输网，加大公路运输工具的投资力度。

（3）以大运高速公路为主干线，建立二级干线运输公路网。

（4）调整公路运输管理体制，提高公路运输的运作质量与速度。

（5）健全全网成本核算体系，建立业务收费标准和收费体系。

（6）建立完善的服务标准和服务规范，提高运输效率。

（7）建立和完善竞争机制。

4.3.3.2 运输体系的建设

(1) 建设物流信息管理系统，建立和完善 GPS 定位技术、实现公路运输网与物流信息网的无缝对接。

(2) 鼓励运输公司从事末端物流和配送服务，发展中小型配送车辆，满足城市配送的需要，并给以相应的优惠措施。

(3) 制定配送车辆标准，提高车辆利用率。

4.4 山西省物流园区节点选址与定位分析

4.4.1 太原武宿枢纽物流园区的定位与选址

4.4.1.1 园区建设的战略目标

用三年时间完成物流园区三个平台及五个中心的建设任务，建立起物流信息网络及物流服务网络，培育一批适应现代市场需要的物流企业，打造太原市枢纽型现代物流园区品牌，使园区物流服务的市场份额占太原市的 50% 以上。除此之外，要实现以下具体目标：

(1) 通过物流园区的先进管理思想和现代化的网络信息技术，把武宿枢纽型物流园区建设成为货运指挥管理中心；

(2) 通过物流园区的先进管理思想和现代化的网络信息技术，把武宿枢纽型物流园区建设成为服务山西、覆盖京津、延伸至全国的公路货运枢纽和多式联运枢纽；

(3) 通过物流园区的先进管理和优质服务以及市场开拓，广泛吸引周边省份的物流源，使太原市现代物流园区成为周边地区的物流配送服务中心；

(4) 通过建设完善的物流信息标准，引进现代化货运信息系统以及开发国际化的物流业务管理、作业控制信息系统，使太原物流园区成为山西省的物流信息中心。

4.4.1.2 物流园区功能定位

太原市现代物流园区的功能主要包括管理功能、物流功能、信息服务功能。

指挥管理功能：太原物流园区同时承担着山西省货运指挥中心的任务，因此，建设物流园区要考虑通过建设完备的指挥管理信息平台，形成全省的货运指挥协调中心。

物流服务功能：物流服务的特点是根据客户的需求，为客户提供定制的综合性的物流服务。包括物流方案的设计、运作，货物的集散，货物转运（联运），货物分拨，货物仓储，配送，货物流通加工以及物流其他增值服务等。

具体服务项目包括：

（1）一关三检：海关、商检、动植物检、卫生检疫。

（2）货代：提供国内外货物运输代理服务，包括国际多式联运，国内一票到底等运输代理服务。

（3）保险：提供各种运输方式的货运保险、财产保险以及人身保险等各种符合国际惯例的保险服务。

（4）结算：无论是贸易、运输还是提供服务，都需要进行财务结算。除了提供传统的财务结算服务外，应创造条件，尽早地提供电子结算服务条件。

（5）法律服务：提供一流的法律咨询、律师服务。

信息服务功能：运用现代最先进的信息技术和网络技术，为省货运管理系统、园区的物流企业提供全方位、高效、可靠、安全的信息支持。

4.4.1.3 市场定位

太原市枢纽型物流园区功能突出表现为向社会提供全方位、综合型的物流服务。

针对太原市，以家电、日用百货、汽车及其零配件、煤炭、建材的综合物流服务为主，利用园区的地理位置优势，以集货、多式联运、信息服务为特色，为客户提供进口分拨、货物仓储、一级配送物流增值服务和物流管理等综合物流服务。

物流服务的货物品种对象包括：家电、汽车配件、建筑材料和装饰材料、IT 产品、日用百货、服装、煤炭。

物流企业的良性发展需要稳定的货源为基础，太原市现代物流园区必须致力于与重点服务行业中的大中型制造企业、品牌流通企业及电子商务企业，建立密切的第三方物流合作伙伴关系，形成自己的客户群。服务客户群包括：零售业、制造企业、批发贸易企业和货运企业。

园区的物流服务范围包括：

（1）配送的服务地域：太原市及其周边地区，服务半径不超过 100km 范围；

（2）多式联运服务范围：全国主要城市及地区；

（3）公路货运：服务地域主要为山西省和京津、华北等与山西省相邻的地区，也可至全国范围；

（4）内陆口岸：将天津港延伸至物流园区，形成面向山西乃至大西北的内陆口岸。

4.4.1.4 选址

太原武宿物流园区选址应定位于武宿立交桥南侧，在大运公路太榆公路段东侧，是太原、晋中两市的货物流通的必经之地。该园区具备以下地理优势：（1）紧依城市：选址介于太原晋中两市之间，紧依太原、晋中两大技术开发区，东距阳泉 90km，北距忻州 80km。（2）交通便利：选址与山西省高速公路武宿立交桥 108 国道相邻，南北同蒲线可从园区通过，与太原机场相距 1.5km，距天津新港 650km，距黄骅港 533km，纵贯全省通达四邻。（3）货源集中：选址位于太原外环，利于发展物流、仓储，对发展城市物流配送有十分便利的条件，且与鸣李村铁路专用货场紧邻，是铁路和航空吞吐物资、集装和中转的集散地。

太原武宿物流园区规划占地面积为65万平方米（约1000亩）。

4.4.1.5 园区总体规划方案

建设具有先进的物流基础设施，高效的信息系统和现代化的管理机制的现代化物流园区，为太原市及周边地区提供全方位综合物流服务。经过十年的规划和建设把太原市物流中心建设成为“一个园区，三个平台，五个中心”的现代化物流园区，即：

一个园区：太原市枢纽型物流园区，在园区中建设货运指挥中心、信息中心、物流设施及生活保障设施；

三个平台：管理平台、物流平台、信息平台；

五个配送中心或货运中心：在城区及各个郊县根据市场的需求设立配送中心或货运服务站等配套设施。

4.4.2 大同现代物流园区的定位与选址

4.4.2.1 大同现代物流发展战略

大同市的特点是煤炭能源重工业基地。根据山西省的物流发展原则，大同市物流体系建设的基本方针是以信息技术为支撑，以煤炭外运为基础，以重载汽车维修零配件物流为利润点，以公路货运为突破口，推动物流业的全面发展。

大同市发展现代物流充分发挥道路运输、高速公路以及相关产业的优势，鼓励运输企业的业务向综合物流服务延伸，扩展传统运输产业的发展空间，促进交通运输结构调整和升级换代，增强竞争力。积极采取先进的物流管理技术和装备，积极整合现有物流资源，加快物流平台与信息平台的建设步伐，努力构造与经济发展相适应的现代物流服务环境，推动大同市的物流产业进程。总体思路是以公路、铁路、商贸流通为依托，大力构筑以现代化综合交通体系为主的物流运输平台，以网络技术为主的信息平台；积极培育第三方物流业市场主体，促进交通运输业经营战略转变和经营结构调整，发挥自身优势，融入现代物流；加快现代物流中心及信息中心规划与建设步伐。充分利用现代信息技术，推动电子商务发展，推进物流和商流的网络化。

一是以煤炭市场信息为先导，建设煤炭运输信息平台，引进第四方物流理念，吸引各种运输企业加盟，组建大同煤炭物流管理公司，快速形成现代化大型地方货运联合体，利用信息优势与区域优势占领市场。二是以重载汽车维修零配件市场为特色，建设集采购、仓储、配送功能于一体的汽车零配件配送中心，提高物流运作效益。三是以多种联运为手段，建立公路、铁路、空运相互衔接配套的运输网络，为客户提供快捷配送服务。四是以大同市零售业的发展需求为目标，建设面向全市的家电、日用百货、服装、医药等商品的配送中心，向社会提供普遍物流服务。五是以金融保险配套为内容，对物流配送的产品吸纳银行、保险机构加盟，实施产品金融质押或保险索赔业务，增强物流平台的资信度。六是以标准服务为品牌，建立标准化服务体系，培育发展现代物流业主体，塑造物流企业形象。

在五年内基本形成由交通运输、配送服务、加工代理、仓储管理、信息网络、营销策略等组成的能与全省以及国内外接轨的现代化物流园区。

4.4.2.2 大同物流园区功能定位

与太原物流园区的功能定位类似，大同市现代物流园区的功能也包括管理功能、物流功能、信息服务功能三大方面。

4.4.2.3 市场定位

大同市物流业应充分发挥煤炭主产地的地区优势，用信息整合物流资源，形成现代化的物流管理公司。以重载汽车维修零配件配送为利润增长点，促使物流企业快速成长。以家电、日用百货、服装、医药等的综合物流服务为主，利用园区的地理位置优势，以集货、分拨、多式联运、信息服务为特色，为客户提供进口分拨、货物仓储、一级配送物流增值服务和物流管理等综合物流服务。

物流服务的货物品种对象包括：煤炭、重载汽车配件、家电、建筑材料和装饰材料、日用百货、服装。

物流企业的良性发展需要稳定的货源，大同市现代物流园区必须致力于与重点服务行业的大中型制造企业、品牌流通企业及电子商务企业，建立密切的第三方物流合作伙伴关系，形成自己的客户群。服务客户群包括：全国各地的煤炭客户、大同当地的煤炭企业、货运企业、汽车维修业、零售业、制造企业、批发贸易企业。

园区的物流服务范围：

（1）煤炭信息、煤炭货运：全国各地；

（2）配送服务：大同市及其周边地区，服务半径不超过100km范围；

（3）多式联运服务范围：全国主要城市及地区；

（4）公路货运：服务地域主要为山西省和京津、华北等与山西省相邻的地区，也可至全国范围；

（5）内陆口岸：将秦皇岛港延伸至物流园区，形成面向大同地区乃至内蒙古自治区的内陆口岸。

4.4.2.4 园区选址

为方便用户便于中转、集散、仓储，大同现代物流园区选址应设在大同市南出口，西河河村一带。该地段特点：（1）紧靠大同市区，相邻朔州市区137km。（2）交通便利，选址地处京太高速公路和大运高速公路交会处，大运高速公路大同立交桥的北侧，京仓、大秦、北同蒲铁路交会处。（3）便于物资集散和发展城市物流。

该选址地面宽阔，建议政府规划33.3万平方米（500亩）

土地，作为物流园区用地。

同时充分利用现有的货运基地，积极构建物流分站，以东门小商品市场、振华街建材、钢材、蔬菜等市场，五里店、平旺货运市场，建设货物快运基地。以大同现代物流园区为核心，构成完整的跨行业、跨区域、多层次、社会化、专业化的物流服务网络体系。

4.4.3 侯马现代物流园区的定位与选址

4.4.3.1 侯马市物流发展战略

侯马市发展现代物流的一个重要出发点是以商品流通、物资集散为主要特征，注重发挥当地的交通优势，通过整合现有物流设施资源，创造一个良好的社会、交通环境，形成山西省物流体系的南部节点。侯马市发展现代物流要充分发挥道路运输、高速公路以及相关产业的优势，鼓励运输企业的业务向综合物流服务延伸，扩展传统运输产业的发展空间，促进交通运输结构调整和升级换代，增强竞争力。积极采取先进的物流管理技术和装备，积极整合现有物流资源，加快物流平台与信息平台的建设步伐，努力构造与经济发展相适应的现代物流服务环境，推动侯马市的物流产业进程。总体思路是以公路、铁路枢纽流通为依托，大力构筑现代化物流设施，强调物资集散、分拨功能，以现代网络技术构筑物流信息平台；积极培育第三方物流业市场主体，促进交通运输业经营战略转变和经营结构调整，加快现代物流中心及信息中心规划与建设步伐。

一是以物资中转市场为先导，建设现代化物流园区，吸引各种储运企业进驻，快速形成晋南现代化物流园区。二是以鲜活商品市场为特色，利用现有冷库设施，建设集采购、仓储、批发、配送功能于一身的配送中心。三是以多式联运为手段，建立公、铁相互衔接配套的运输网络，为客户提供快捷配送服务。四是以侯马市小商品批发零售业的发展需求为目标，建设面向全市的家电、日用百货、服装、医药等商品的配送中心，向社会提供普遍物流服务。五是以金融保险配套为内容，对物流配送的产品吸纳银行、保险机构加盟，实施产品金融质押或保险索赔业务，增强物流平台的资信度。六是以标准服务为品牌，建立标准化服务体系，培育发展现代物流业主体，塑造物流企业形象。

在五年内基本形成由交通运输、配送服务、加工代理、仓储管理、信息网络、营销策略等所组成的能与全省以及国内外接轨的现代化物流园区。

4.4.3.2 侯马物流园区市场定位

侯马市物流业应充分发挥当地交通枢纽的区位优势，集中发展物资集散、分拨物流业务，着眼于周边地区及省份，形成沟通南北、辐射东西的物流通道。以家电、日用百货、服装、医药等的综合物流服务为主，利用园区的地理位置优势，以集货、分拨、多式联运、信息服务为特色，为客户提供进口分拨、货物仓储、一级配送物流增值服务和物流管理等综合物流服务。

物流服务的货物品种对象包括：日用百货、服装、鲜活、煤炭、家电、建筑材料和装饰材料。

物流企业的良性发展需要稳定的货源。侯马市现代物流园区必须重点服务于流通企业，与之建立密切的第三方物流合作伙伴关系，形成自己的客户群。服务客户群包括：全国各地小商品批发企业客户、零售业、货运企业、汽车维修业、制造企业。

园区的物流服务范围：

（1）小商品信息、货运：全国各地；

（2）配送服务：侯马市及其周边地区，服务半径不超过100km范围；

（3）多式联运服务范围：全国主要城市及地区；

（4）公路货运：服务地域主要为山西省、华北、西北等与山西省相邻的地区，也可至全国范围；

(5) 内陆口岸：形成欧亚经济带的枢纽。

4.4.3.3 园区选址

为方便用户便于中转、集散、仓储，侯马现代物流园区选址在侯马市原肉联厂区，原有厂区8万平方米（120亩），包括周边征地20万平方米（300亩），共28万平方米（420亩）。该场址地处大运高速公路边，交通十分便利，场内建有铁路专线，与侯马铁路货场相连，并有5000平方米冷库一座，是侯马现代物流中心最佳场址。

本章以山西省为例进行了省域区域物流规划，包括省域现代物流发展的目标和总体战略，提出了各个层次物流节点的选择和确定，并对物流相关的公路运输体系进行了规划。最后，针对规划中太原、侯马和大同三个物流园区一级节点，对其市场定位和选址进行了分析。

5 物流园区选址方法及其应用

在物流园区选址的实践中，往往是在几个备选的方案中选择一个或几个地址作为最终的最优结果。在这种情况下，物流园区的选址问题就转变成为备选方案的评价比较问题，从而各种评价方法被越来越多地应用到物流园区选址的理论与实践中。

5.1 物流园区的分类及功能区域划分

物流园区概念最早起源于日本，早在20世纪60年代日本对全国的物流体系进行规划时，在日本全国分成的八个物流区域中每个区域都配以相应的物流设施，从而形成了物流团地，也就是我们现在所说的物流园区。

5.1.1 物流园区的类型

欧洲一些国家在近十年来开始使用和研究物流园区，但是提出的角度不尽相同，主要是从环境保护、交通堵塞的缓解、加快物流业发展、城乡交通体系的改善、不断推出优惠政策以吸引大型物流中心、利用规模效益、降低物流成本等角度提出的。综合来看，物流园区是在空间上集聚多家物流（配送）中心的场所，这种物流节点一般设在郊区或是城乡结合部的主要交通干线上，一般会有比较完善的基础服务设施，能够提供规模化、集约化的物流服务。物流园区是在日本东京产生的，物流园区又可以按不同方法进行细分。

物流园区的分类，目前还没有一致的分类标准。除了日本，其他国家的物流园区建设还都属于新生事物，因此理论方面的研究比较少。日本的物流园区区域物流节点体系规划研究类型相对比较单一，主要属于为城市综合消费物流服务的、以配送中心功能为主的物流园区，但也兼有部分物流枢纽的功能。综合德国、日本和我国台湾的经验和物流园区的功能，可以把物流园区分类法分为以下三大类：

首先，按物流服务地域，可分为国际性物流园区、全国性物流园区、区域性物流园区和城市物流园区；

其次，按服务对象，可分为为生产企业服务的物流园区、为商业零售业服务的物流园区、面向社会的社会型物流园区；

再次，按主要功能，可以分为配送中心型物流园区、仓储型物流园区和货运枢纽型物流园区。货运枢纽型物流园区，又可以分为：为港区服务的物流园区——港口物流园区；为陆路口岸服务的物流园区——陆路口岸物流园区；为区域物流服务的物流园区——综合物流园区。

但是，一些学者认为，物流主要功能就是服务，由于对服务的对象范围等都有不同的综合性的要求，因此也不宜将物流园区太过细分。事实上，在研究、描述和分析一个物流中心时，我们需要从其服务区域、服务对象和主要功能这三个方面来考察。

5.1.2 物流园区的功能

物流园区的功能，主要表现在其对顾客提供的业务方面的基本功能和衍生出来的功能。

5.1.2.1 业务服务功能

（1）在运输与配送过程中的调配作用：对货物在运输和配送过程中提供一些辅助性的服务，如调度、装卸车等。

（2）集中存储的功能：物流园区可以对客户的货物进行集中储存保管，从而降低客户在仓储方面的成本，进而提高供应链管理的效率。

（3）包装与流通加工功能：提供运输包装，贴签制作并粘贴条形码等。

（4）多式联运：由于在物流园区是由多种方式的运输载体组成的，所以要积极发挥多种运输形式有效结合的方式，开展联合运输和中转等业务。

（5）信息服务功能：物流园区由于它的规模大，设备配备齐全，所以吸引很多客户，因而信息量很大，再加上集成化管理，就能够为客户及时准确地提供各种信息服务。

（6）中转改包装集散等功能：在货物进行中转的过程中，提供改包装或包装进行加工等服务，除此之外，还提供对货物拼装集装箱和分装整箱的服务。

（7）综合功能：将以上不同的业务进行不同方式的组合，为客户提供服务。

5.1.2.2 衍生功能

（1）推动供应链的发展和升级。物流园区的集聚效应，将零散的资源进行优化整合，将企业发展链中的采购、销售、供应、会展、客户服务以及交易结算、物流、信息反馈等各项功能集中在一起，使得它所提供的服务大大减少了供应链方面的成本，进而有助于企业的供应链方式更新和升级。例如集中存储等功能使得企业减少了仓库储存的成本，而集散等功能减少了企业在货物转运管理等方面的成本。因此，物流园区起到了周转中心、分拣中心、保管中心等的作用。

（2）整合现有资源，实现社会资源的优化配置。从整合现有物流资源入手，建设物流园区，有利于促进现代物流业的形成和提高物流社会化程度，为企业优化物流系统，提供市场环境，在储存和运输两方面提供不同的服务使得资源得到优化配置。一方面，由于包装、保管、加工等作业的集中处理免去了很多企业分步完成的损坏和节约时间成本。另一方面，由于采用多式联运，减少了装卸的次数，有效地降低相关费用。

（3）改善城市生态环境和促进经济的协调发展。由于物流园区使得资源的有效配置的实现和运输效率的提高，有利于生产和解决交通、能源方面的问题，因此起到改善城市生态环境的作用。同时随着物流园区的建设与发展，特别是物流园区的形成，使得地方经济和区域经济逐渐与世界接轨，因而能加快区域的国际竞争力的提高，改善投资环境，对进一步吸引更多的投资和促进经济发展起到事半功倍的作用。

5.2 物流园区选址的常用模型与方法

常用的物流园区选址方法包括数学规划模型选址法、多属性方案评价选址法和启发式算法选址法等。

5.2.1 数学规划模型选址法

数学规划模型选址法一般是基于成本最低、服务水平最高建立相应的数学模型，并通过求解模型获得最佳的选址方案。经过多年的研究，目前模型选址法已经形成了多种方法，一般分成两类：一类是连续点模型，另一类是离散点模型。

连续点模型认为物流园区的目标地点可以是平面上的任意点，其代表性方法有：重心法和交叉中值法。而离散点模型认为，受到地面客观条件的影响，物流园区的目标地点仅是几个可行点中的最优点，代表性的离散点模型包括：Baumol-Wolfe 模型、Kuehn-Hamburger 模型、Blson 模型、P-中值模型、覆盖模型等。这些模型的求解方法主要有：混合整数规划问题的分枝定界法、SAD 法、CFLP 法和 GPSS 模拟法等。

5.2.1.1 连续点选址模型

连续点选址模型问题是指在一条路径或一个平面区域内，任意位置都可以选址的一个选择。

A 重心法

重心法是一种模拟方法，它将区域物流系统内的需求点和资源点看成是分布在某一平面范围内的物体系统，各点的需求量和资源量分别看成是物体的重量。物体系统的中心作为物流园区的最佳设置点，利用求物体系统重心的方法来确定物流园区的位置。

假设在某计划区域内有 n 个资源点和需求点，各点的资源量或需求量为 $W_j(j=1,2,\cdots,n)$，它们各自的坐标为 (x_j,y_j) $(j=1,2,\cdots,n)$。需设置一个物流网点，设网点的坐标为 (x,y)，网点到各个资源点的距离或者运费率为 C_j，则根据求平面中物体系统重心的方法，有：

$$\begin{cases} x \cdot \sum_{j=1}^{n} C_j W_j = \sum_{j=1}^{n} C_j W_j x_j \\ y \cdot \sum_{j=1}^{n} C_j W_j = \sum_{j=1}^{n} C_j W_j y_j \end{cases}$$

整理后得到：

$$\begin{cases} x = \dfrac{\sum_{j=1}^{n} C_j W_j x_j}{\sum_{j=1}^{n} C_j W_j} \\ y = \dfrac{\sum_{j=1}^{n} C_j W_j y_j}{\sum_{j=1}^{n} C_j W_j} \end{cases}$$

代入数字，可以求得实际的物流节点位置坐标 (x, y)。重心法简单易行，但是这种方法求出的精确位置有时是没有实际意义的，并且这种方法将纵向和横向的距离堪称是互相独立的量，与实际不相符，不一定能找到精确的最佳位置。

B 微分法

微分法是为了克服重心法的缺点而提出的，它要利用重心法的结果作为初始解，并通过迭代获得精确解。

仍然以重心法讨论的系统为例，设总运输费用为 F，则目标函数为：

$$\min F = \sum_{j=1}^{n} c_j w_j \sqrt{(x - x_j)^2 + (y - y_j)^2}$$

对其求偏导数得到网点选址的微分模型。

$$\begin{cases} \dfrac{\partial F}{\partial x} = \dfrac{\sum_{j=1}^{n} c_j w_j (x - x_j)}{\sum_{j=1}^{n} c_j w_j \sqrt{(x - x_j)^2 + (y - y_j)^2}} = 0 \\ \dfrac{\partial F}{\partial y} = \dfrac{\sum_{j=1}^{n} c_j w_j (y - y_j)}{\sum_{j=1}^{n} c_j w_j \sqrt{(x - x_j)^2 + (y - y_j)^2}} = 0 \end{cases}$$

求解该方程组可以得到计算结果。

C 交叉中值模型

交叉中值模型一般适用于城市内较小范围内的选址，解决连续点选址问题。其目标函数表达式为：

$$\min Z = \sum_{i=1}^{n} w_i \{ |x_i - x_m| + |y_i - y_m| \}$$

式中，w_i 是与第 i 个点对应的权重（可以是货物需求量）；$(x_i, y_i)(i = 1,2,\cdots,n)$ 是第 i 个点的坐标；(x_m, y_m) 是待选物流园区的坐标。

这个目标函数也可以用两个不相关的部分来表达：

$$\min Z = \sum_{i=1}^{n} w_i |x_i - x_m| + \sum_{i=1}^{n} w_i |y_i - y_m|$$

5.2.1.2 离散点选址模型

离散点选址模型是指在有限的候选位置里面选取最为合适

的一个或者一组位置作为最优的方案，它与连续点模型的区别在于，它所拥有的候选方案只有有限个元素，因此选址过程只是对这些有限的位置进行分析。

A P-中值模型

P-中值模型是指在一个给定的需求集合和一个候选设施位置集合的前提下，根据需求的数量和位置，分别为 P 个物流中心找到合适的位置，并将各个需求点指派给某个特定的物流中心，使之达到需求点与物流中心之间的总运输费用最低。其目标函数为：

$$\min Z = \sum_{i \in I} \sum_{j \in J} a_i d_{ij} y_{ij}$$

约束条件为：

$$\begin{cases} \sum_{j \in J} y_{ij} = 1, & \forall i = I \\ \sum_{j \in J} x_j = p \\ y_{ij} \leqslant x_j, & \forall i \in I, j \in J \\ y_{ij} \in \{0,1\}, & \forall i \in I, j \in J \end{cases}$$

式中，I 为需求点的集合，$I = \{1,2,\cdots,m\}$；J 为可能的物流中心选址的集合，$J = \{1,2,\cdots,n\}$；a_i 为第 i 个需求点的需求；d_{ij} 是第 i 个需求点到第 j 个物流中心选址的单位运输成本；p 是可以建立的物流中心的个数；y_{ij} 是需求点 i 在物流中心选址 j 处得到满足时为 1，否则为 0；x_j 为物流中心选址在 j 点建立时为 1，否则为 0。

P-中值模型的目标函数是运输成本最低，约束条件 $\sum_{j \in J} y_{ij} = 1$ 是保证每个需求点都只有一个物流中心选址为其服务；约束条件 $\sum_{j \in J} x_j = p$ 限制了所选物流中心的个数为 p 个。

P-中值模型可以解决两方面的问题，一是选择合适的物流中心位置；二是将需求点指派到相应的物流中心去。

B 集合覆盖模型

覆盖模型是针对需求已知的一些需求点，如何确定一组物流中心来为其服务。根据解决问题的策略不同，覆盖模型分为集合覆盖模型和最大覆盖模型两种。

集合覆盖模型是要用尽可能少的物流中心去覆盖所有的需求点。其目标函数和约束条件为：

$$\min \sum_{j \in N} x_j$$

$$s.t.\begin{cases} \sum\limits_{j \in B(i)} y_{ij} = 1 & i \in N \\ \sum\limits_{j \in A(j)} d_i y_{ij} \leqslant C_j x_j & j \in N \\ x_j \in \{0,1\} & j \in N \\ y_{ij} \geqslant 0 & i,j \in N \end{cases}$$

式中，N 表示需求点的集合；d_i 为第 i 个需求点的需求量；C_j 为第 j 个物流中心的最大容量；$A(j)$ 表示物流中心 j 所覆盖的各个需求点的集合；$B(i) = \{j \mid i \in A(j)\}$ 表示可以覆盖需求点 i 的物流中心 j 的集合；$x_j \in \{0,1\}$ 表示该物流中心位于 j 时为1，否则为0；y_{ij} 为节点 i 需求中被分配到物流中心 j 的部分。

该模型的目标函数为物流中心数目最少；约束条件 $\sum\limits_{j \in B(i)} y_{ij} = 1$ 保证每个需求点的需求都可以得到满足；约束条件 $\sum\limits_{j \in A(j)} d_i y_{ij} \leqslant C_j x_j$ 是对每个物流中心的服务能力提出的限制；约束条件 $x_j \in \{0,1\}$ 是保证一个地方只能建立一个物流中心；而约束条件 $y_{ij} \geqslant 0$ 允许一个物流中心只提供部分的需求。

C　最大覆盖问题

最大覆盖问题的目标是对有限个物流中心进行选址，尽可能多地去覆盖各需求点的需求量。其目标函数与约束条件为：

$$\min \sum_{j \in N} \sum_{i \in A(j)} d_j y_{ij}$$

$$s.t.\begin{cases} \sum_{j \in B(i)} y_{ij} \leqslant 1 & i \in N \\ \sum_{j \in A(j)} d_i y_{ij} \leqslant C_j x_j & j \in N \\ \sum_{j \in N} x_i = p & \\ x_j \in \{0,1\} & j \in N \\ y_{ij} \geqslant 0 & i,j \in N \end{cases}$$

该模型目标函数为最大可能地满足需求点的需求；约束条件 $\sum_{j \in B(i)} y_{ij} \leqslant 1$ 是对需求点的限制，物流服务总量不可能大于需求的总和；$\sum_{j \in N} x_i = p$ 是对最多建设的物流中心数目的限制；其余约束条件的含义与上一个模型相同。模型中 p 为允许建设的物流中心的数量。

D　CFLP 法

CFLP（Capacitated Facility Location Problem）方法是针对网点规模有限的情况下提出的一种运输规划模型。其基本思想为：先假设网点布局方案已经确定，给出一组初始网点设置方案，然后根据初始方案按照运输规划模型求出各初始网点的供货范围，在各供货范围分别移动网点到其他备选的物流中心上，以使得各供货范围内的总成本得到降低。找到各供货范围内总成本最小的新网点设置地址后，再将新网点设置成初始方案，重复以上过程直到各供货范围内的总成本不能再降低为止。

5.2.2 多属性方案评价选址法

在物流园区选址的实践中，往往是在几个备选的方案中选择一个或几个地址作为最终的最优结果。在这种情况下，物流园区的选址问题就转变成为备选方案的评价比较问题，从而各种评价方法被越来越多地应用到物流园区选址的理论与实践中。常用的物流园区选址的多属性方案评价方法有层次分析法、模糊综合评价法、灰色关联分析方法、数据包络分析方法、粗糙集评价方法等。

5.2.2.1 模糊综合评价方法

模糊综合评价方法是借助于模糊数学的原理，将一些边界不清、不易定量的因素定量化，从而进行综合评价。它应用模糊关系合成的原理，依据多个因素对被评判事物隶属等级状况进行综合性评判，最后进行综合评判。模糊综合评价方法一般包括六个基本步骤：

第一步：确定评判对象的因素论域 $U = \{u_1, u_2, \cdots, u_n\}$。实际上这个步骤就是要求确定评价时运用的指标体系。

第二步：确定评语等级论域 $V = \{v_1, v_2, \cdots, v_m\}$，这个步骤是其他多属性评价方法所没有的。通过确定这一论域，使得模糊综合评价得到一个模糊评判向量，被评价事物对应各评语等级隶属程度的信息可以通过该模糊向量来表示，体现评判的模糊特征。

第三步：进行单因素评价，建立模糊关系矩阵 $\mathring{R} = [r_{ij}]_{m\times n}(0 \leqslant r_{ij} \leqslant 1)$。其中 r_{ij} 是论域 $U = \{u_1, u_2, \cdots, u_n\}$ 中的因素 u_i 对应论域 $V = \{v_1, v_2, \cdots, v_m\}$ 中等级论域 v_i 的隶属关系，它是第 i 个因素 u_i 对于被评判事物的单因素评判，构成了进行模糊综合评判的基础。

第四步：确定评判因素的权重向量 $\mathring{A}$。它是因素论域 $U =$

$\{u_1, u_2, \cdots, u_n\}$ 中各评价因素对被评判事物的隶属关系，取决于人们在进行综合评判时更看重哪些因素。这一步骤与其他综合评判方法中的权重确定类似，只是这里更加明确强调所确定的权重向量 $\mathring{A}$ 是一个模糊子集，也就是说要求运用模糊方法来确定权重。

第五步：选择合成算子。将模糊关系矩阵 $\mathring{R} = [r_{ij}]_{m\times n}$ 与权重向量 $\mathring{A}$ 合成得到 $\mathring{B}$。模糊综合评价方法的基本模型是 $\mathring{B} = \mathring{A} \times \mathring{R}$。该公式的含义是：评价因素与被评价事物的模糊关系 $\mathring{A}$ 通过模糊变换器 $\mathring{R}$，就形成了被评价事物与评价等级之间的模糊关系 $\mathring{B}$。

第六步：对模糊综合评价的结果进行分析处理。由于每个被评判对象的评判结果都是一个模糊向量，因此无法直接用来进行被评判对象的优劣排序，还需要进行下一步的分析处理。一般来说处理的方法有三种：

（1）模糊向量单值化，即把各个评语等级赋值，例如将评语等级分别赋值为 5、4、3、2、1，然后计算 $B' = \mathring{B}C^T$，就可以计算得到每个被评判对象的评价结果 B'，从而进行排序评价。

（2）按照最大隶属度原则，确定每个被评判对象最终所对应的评价等级。实际上这是在做某种截割，强使模糊信息清晰化。

（3）计算隶属度对比系数，利用结构相对数进行计算，从而可以反映出各个等级隶属度的内部结构比例情况。

5.2.2.2 灰色关联分析方法

灰色关联分析的基本思路是：根据序列曲线几何形状的相似程度来判断其联系是否紧密，曲线越紧密则放映相应序列时间的关联度越大，反之则关联度越小。该方法弥补了采用数理统计方法作系统分析所导致的缺陷。这种方法对样本量和样本的规律性并没有严格要求，且计算量小，计算方便。

假设 $X_i = \{x_i(1), x_i(2), \cdots, x_i(n)\}$ 为因素 x_i 的行为序列，

则灰色关联度分析评价方法的基本步骤如下：

第一步：计算各序列的初始值，令：

$$X'_i = \frac{X_i}{x_i(1)} = \{x'_i(1), x'_i(2), \cdots, x'_i(n)\} \quad (i = 0,1,2,\cdots,m)$$

第二步：求差序列，表示为：

$$V_i(k) = |x'_0(k) - x'_i(k)|$$

$$V_i = (\Delta_i(1), \Delta_i(2), \cdots, \Delta_i(n))$$

$$(i = 0,1,2,\cdots,m)$$

第三步：求两极最大差和最小差，表示为：

$$M = \max_i \max_k V_i(k), \quad m = \min_i \min_k V_i(k)$$

第四步：求关联系数，表示为：

$$\gamma_{0i}(k) = \frac{m + \xi M}{V_i(k) + \xi M}, \quad \xi \in (0,1)$$

$$(k = 1,2,\cdots,n); \quad (i = 1,2,\cdots,m)$$

其中，ξ 为关联系数，其取值一般为 $\xi = 0.5$。

第五步：计算关联度。一般来说，关联度的计算使用下列公式：

$$\gamma_{0i} = \frac{1}{n}\sum_{k=1}^{n}\gamma_{0i}(k) \quad (i = 1,2,\cdots,m)$$

在更多情况下，还需要考虑各因素的权重 $W = (w_1, w_2, \cdots, w_n)$，则关联度的计算可以采用线性加权和方法，有：

$$\gamma_{0i} = \sum_{k=1}^{n} w_i \gamma_{0i}(k) \quad (i = 1,2,\cdots,m)$$

5.2.2.3 主成分聚类分析方法

首先根据可比性、完整性、易获取性、非重叠性、定量和定性指标相结合等原则，建立相关评价指标体系。由于初选的评价指标可能较多，彼此之间也难免存在着一定的相关性，因而反映的信息在一定程度上会有所重叠。

主成分分析就是利用降维的思想，把原来较多的评价指标转化为较少的综合主成分指标来代替，综合主成分指标保留了原始变量的绝大多数信息，并且彼此间互不相关，可以使复杂问题简单化，在各类评价问题中得到较为广泛的应用。这种方法的基本思路为：设有 n 个备选方案，p 个决策指标，初始样本矩阵 $X^* = (X_{ij}^*)_{n\times p}(i = 1,2,\cdots,n;j = 1,2,\cdots,p)$。

第一步：对指标进行标准化处理，得到标准化评价矩阵 $X = (x_{ij})_{n\times p}$。

$$x_{ij} = \frac{x_{ij}^* - \bar{x}_{ij}^*}{s_j^*}$$

式中，$\bar{x}_{ij}^*$ 和 s_j^* 分别是第 j 个指标的样本均值和样本标准差。

第二步：计算各个指标间的相关系数矩阵 $R_{p\times p}$ 及特征值 $\lambda_1 \geqslant \lambda_2 \geqslant \cdots \geqslant \lambda_p \geqslant 0$ 和正规化的特征向量 $\boldsymbol{e}_j$。

第三步：可以得到主成分 $Y_i = Xe_j$。

第四步：第 j 个主成分的方差贡献率是 $a_i = \frac{\lambda_j}{p}$，当累计方差贡献率 $a = \sum_{j=1}^{q} a_j$ 达到一定数值（一般不小于85%）时，就可以取前 q 个主成分 $Y_i,Y_2,\cdots,Y_q$，即认为这 q 个主成分就可以用较少的指标综合体现了原来 p 个指标的信息。

第五步：以各个主成分的方差贡献率作为权重，利用线性加权求和方法得到各个方案的综合评价结果：

$$Z_i = \sum_{m=1}^{q} a_m y_{im} \quad (m = 1,2,\cdots,q)$$

Z_i值的大小体现了各个备选方案的最终评价结果。Z_i越高，说明该备选方案越好。

5.2.3 启发式算法选址法

启发式算法选址法是寻求物流园区选址问题解决方案的一

种方法和策略，它建立在经验和判断的基础上，体现了人的主观能动作用和创造力。启发式算法能够比较有效地处理 NPhard 问题，因此，经常与其他优化算法一起结合使用，这样可以使两者的优点都能够得到进一步发挥。目前常用的启发式算法包括：遗传算法、人工神经网络算法、模拟退火算法等。

5.2.3.1 遗传算法

遗传算法（genetical algorithm，GA）是在20世纪60年代被提出来的，它是受遗传学中自然选择和遗传机制启发而发展起来的一种搜索算法。遗传算法的基本思想是：运用模拟生物和人类进化的方法来求解复杂的优化问题，因而也被称为模拟进化优化算法。遗传算法主要有三个算子：即选择、交叉和变异。通过这三个算子，可以使问题得到逐步的优化，最终达到满意的优化解。

遗传算法作为一种随机搜索的、启发式的算法，具有较强的全局搜索能力，但是，这种算法也往往比较容易陷入局部最优情况。因此，在该方法的研究和应用中，为了有效地避免这一缺点，遗传算法常常和其他算法结合起来应用，这可以使得遗传算法在实践中更具有应用价值。

国内外不少学者都将遗传算法与其他的规划方法结合起来对物流园区或物流配送中心的选址问题进行研究。一般地，可以在考虑各种物流成本的基础上，结合具体的应用背景，建立混合整数规划模型或一般的线性规划模型，并结合遗传算法对模型进行求解。通过选择恰当的编码方法和遗传算子，求得了模型的最优解。

5.2.3.2 人工神经网络算法

人工神经网络（artificial neural-network，ANN）是由大量处理单元（神经元）广泛互连而形成的网络，是对人脑的抽象、简化和模拟，反映人脑的基本特征。这种方法是可以通过对样本训练数据的学习，形成一定的网络参数结构，从而可以对复杂的系统进行有效的模型识别。人工神经网络算法经过大量样本学习和训练，因此在分类和评价问题的应用中，往往要比一般的分类评价方法更为有效。

国内外不少学者都运用BP网络对物流配送中心的选址问题进行了尝试性的研究，显示出神经网络在解决物流中心选址问题上具有一定的可行性和可操作性。但是，这种研究有一个明显的不足，那就是神经网络的训练需要大量的数据，如果数据的获取有困难，用神经网络来进行研究是不恰当的。在应用人工神经网络算法时，还应当特别注意网络的学习速度、是否陷入局部最优解、数据的前期准备、网络的结构解释等诸多问题。

5.2.3.3 模拟退火算法

模拟退火算法（simulated annealing，SA）又称模拟冷却法、概率爬山法等，是由Kirpatrick于1982年提出的另一种启发式的、随机优化算法。该算法的基本思想是：由一个初始的解出发，不断进行重复产生迭代解，然后逐步判定、舍弃，最终取得满意解。模拟退火算法不但可以往好的方向发展，也可以往差的方向发展，这可以使算法跳出局部的最优解，而达到全局最优解。

很多文献都将模拟退火算法与其他多准则决策或数学规划方法结合起来，进行物流园区或物流中心选址问题的研究。例如，将定量化的模拟退火遗传算法与层次分析法结合起来来确定物流中心的选址。这种结合方法可以确保总体中个体多样性以及防止遗传算法的提前收敛，而运用层次分析法可以确定物流中心选址中评价指标的权重。模拟退火算法对于解决物流中心的选址具有较好的有效性和可靠性。

除了以上三种方法之外，较常用的启发式算法还包括蚁群算法、禁忌搜索算法、进化算法等。各种算法在全局搜索能力、参数、解情况等方面都存在着一定的差异。各种算法都带有随机搜索的特点，为物流中心选址的智能化处理提供了可能。用解析的方法建立数学模型，然后再运用启发式算法对模型进行求解，这是目前研究物流中心选址问题的一种较为可行的研究方法。

5.3 一种基于粗糙集与层次分析法的组合赋权方法

多属性决策也被称为有限方案多目标决策，它要解决的是具有多个属性（指标）的有限决策方案的优选或排序问题。

5.3.1 多属性决策方法的基本思路

多属性决策方法在投资决策、选址、项目评估、绩效评价、人才考核等方面有着广泛的应用价值。

5.3.1.1 多属性决策的五个要素

多属性决策问题一般都包含五个要素，即决策人、属性集、目标集、决策准则和决策情况。

（1）决策人：决策人是指参与决策的主体，他们可能是一个人或一群人的决策群。

（2）目标集：目标是某个决策人对被研究问题所希望达到的状态的一种陈述。对于多属性决策问题，必须先定义其目标，也就是被研究问题的可行方案。如定义目标集 $P=(P_1,P_2,\cdots,P_m)$，则说明被研究问题有 m 个可行方案可供选择或排序。

（3）属性集：属性集就是对方案选择有影响的指标的集合。属性应该是可计量的，能反映各个备选方案的性能、特征和质量、数量参数等，它反映了各个属性与期望目标之间的关联程度。定义属性集为 $X=(x_1,x_2,\cdots,x_n)$，则说明有 n 个属性 $x_i(i=1,2,\cdots,n)$ 会影响到方案的选择。

（4）决策准则：多属性决策中用于评判备选方案优劣程度的规则称为决策准则，它是最终在备选方案中作出选择的标准。这种标准一般分为最优化准则和满意准则两类。

（5）决策情况：多属性决策问题的决策情况是指决策问题的结构和决策环境，包括该决策问题的输入数量和类型、决策变量及其属性、决策变量和属性测度所采用的标度、决策变量和属性变量之间的因果关系等。

5.3.1.2 多属性决策问题的求解过程

用下列符号表示多属性决策问题：

$S = \{S_1, S_2, \cdots, S_m\}$：表示 m 个可供选择的方案；

$C = \{C_1, C_2, \cdots, C_n\}$：表示 n 个属性构成的集合；

$w = (w_1, w_2, \cdots, w_n)^{\tau}$：表示属性权重向量，其中 $\sum_{j=1}^{n} w_j = 1$，$w_j \geqslant 0, \forall j$；

$A = [a_{ij}]_{m \times n}$：表示决策矩阵，其中 a_{ij} 是方案 S_i 对应于属性 C_j 的一个数值结果。

多属性决策方法主要包括三部分工作：决策矩阵规范化、属性权重确定和方案综合排序，如图 5-1 所示。

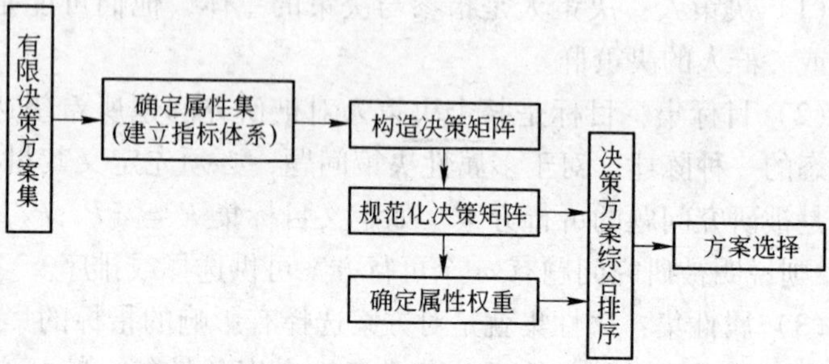

图 5-1 多属性决策问题求解的一般过程

A 决策矩阵规范化

在多属性决策问题中，由于各个评价指标的量纲不同和数量级不同，从而会影响到评价的结果，甚至会造成决策的失误。因此，为了统一标准，必须对所有的评价指标进行规范化处理，把所有指标值转化为无量纲、无数量级差别的标准分，然后再进行评价和决策。常用的规范化处理方法包括以下三种：

(1) 向量归一化。

$$r_{i,j} = \frac{x_{ij}}{\sqrt{\sum_{i=1}^{m} x_{ij}^2}}$$

这种规范化处理方法的结果使得每个 r_{ij} 都满足 $0 \leqslant r_{ij} \leqslant 1$，并且对于每个指标 f_j，矩阵 R 中列向量的模为 1。

(2) 线性比例变换。

令：

$$f_j^{\wedge} = \max_{1 \leqslant i \leqslant m} x_{ij} > 0 \,, \quad f_j^{\vee} = \min_{1 \leqslant i \leqslant m} x_{ij} > 0$$

对于效益型指标，定义：

$$r_{ij} = \frac{x_{ij}}{f_j^{\wedge}}$$

对于成本型指标，定义：

$$r_{ij} = \frac{f_j^{\vee}}{x_{ij}}$$

这种规范化方法计算方便，并且也满足 $0 \leqslant r_{ij} \leqslant 1(1 \leqslant j \leqslant n, 1 \leqslant i \leqslant m)$，且保留了各个指标之间的相对排序关系。

(3) 极差变换。

对于效益型指标，定义：

$$r_{ij} = \frac{x_{ij} - f_j^{\vee}}{f_j^{\wedge} - f_j^{\vee}}$$

对于成本型指标，定义：

$$r_{ij} = \frac{f_j^{\wedge} - x_{ij}}{f_j^{\wedge} - f_j^{\vee}}$$

这种规范化方法的结果是使得每一个指标总有一个最优值为 1 和最劣值为 0。

B　属性权重确定

属性的权重是用来反映各个属性之间的相对重要性，属性的重要性程度越高，则赋予的权重就应该越大，反之则越小。属性权重的确定是多属性决策问题中的一个重要研究内容，一般来说，属性权重的确定方法主要有客观赋权法和主观赋权法两类。

a　客观赋权法

客观赋权法是指利用各个属性的客观信息即属性值来确定属性权重的方法，这种方法确定的权重不含有决策者的主观因素。常用的客观赋权方法有熵值法、主成分分析法、基于方案贴近度法、目标规划法、形心法、基于方案满意度法、两阶段法等。

b　主观赋权法

主观赋权法是决策者根据自己的经验以及对各属性主观重视程度的不同而对属性进行赋权的一类方法。主观权重反映的是决策者过去的经验积累以及对当前决策背景的一个主观把握。现实生活环境的易变性要求决策时要灵活地把握各决策属性的重要性程度，而主观赋权法就能很好地应对这种局面。主观赋权的主要方法包括：专家调查法、环比评分法、属性重要性排序法、点估计值法、二项系数法、判断矩阵法等。

运用主观赋值法确定权重，可以有效地运用决策者的经验和知识，但是其灵活性和易变性又使得它承载了过多的主观随意性。因此，在发挥主观赋权法的同时想办法避免这种主观随意性也显得非常重要，而运用客观赋值法来确定权重，决策或评价结果则具有较强的理论依据。然而客观赋权法又不能考虑到决策者的主观意愿，有时会与属性的实际重要程度相悖，并且对所得的结果难以给出明确的解释。

由于主观赋权方法和客观赋权方法都有各自的优缺点，所以很多学者提出了综合主、客观赋权法的组合赋权法、交互式赋权法等。本书将运用一种基于方差最大化的组合赋权方法来进行属性权重的确定，其中采用粗糙集理论确定属性的客观权重，而采用层次分析法确定属性的主观权重。

C 方案综合排序

基于属性的规范化处理以及属性权重的确定，就可以通过一定的方式对决策信息进行集结并对方案进行排序和择优。方案综合排序常用的方法包括：简单加性加权法、加性加权平均（AWA）法、逼近于理想解的排序方法（TOPSIS）、有序加权平均（OWA）法等。

5.3.2 基于粗糙集理论的属性客观权重确定

粗糙集理论是1982年由波兰数学家Z. Pawlak教授提出的一种数据分析理论，利用粗糙集方法分析决策表，可以评价特定属性的重要性，建立属性集的约简、核以及从决策表中去除冗余属性，从约简的决策表中产生分类规则并利用得到的规则进行决策。

自从Pawlak教授提出粗糙集理论后，它作为一种处理不确定、不精确、不完备信息的数学工具，在人工智能和认知科学，特别是在智能信息处理等领域得到了广泛的应用。现在有一些学者将粗糙集理论引入决策科学，利用粗糙集的不依赖先验知识，只需数据本身得出数据中蕴涵的性质这一特点，能客观地确定各种指标的权重。

5.3.2.1 属性的重要度

在粗糙集理论中，将 $S = (U, C, V, f)$ 定义为一个信息系统，其中 $U = \{x_1, x_2, \cdots, x_n\}$ 是论域，C 为条件属性集；$f: U \times C \to V$ 是信息函数，它为每个研究对象的每一个属性均赋予一个信息值，其中 $V = \cup V_a, a \in C, V_a$ 表示属性 a 的值域。每一个属性子集 $P \subseteq C$ 决定了一个二元不可区分关系 $IND(P)$：

$IND(P) = \{(x,y) \in U \times U \mid \forall a \in P, f(x,a) = f(y,a)\}$

关系 $IND(P)$ 构成了 U 的一个划分，用 $U/IND(P)$ 来表示，可以简记为 $U/P = \{P_1, P_2, \cdots, P_k\}$，$U/P$ 中的任何元素 $P_i = [x]_P = \{y \mid \forall a \in P, f(x,a) = f(y,a)\}$ 称为等价类。

将一个决策表定义为 $S = (U,C,D,V,f)$，其中 $U = \{x_1, x_2, \cdots, x_n\}$ 是论域，C 为条件属性集，D 为决策属性集，$f: U \times (C \cup D) \to V$ 是信息函数，其中 $F = C \cup D$，$V = \cup V_a, a \in F$，V_a 表示属性 a 的值域。如果在决策表中去掉决策属性，那么决策表就变成了信息系统，也就是说信息系统与决策表的差别在于是否含有决策属性。

在决策表 $S = (U,C,D,V,f)$ 中，对于 $\forall A \subseteq C$，假设 $U/A = \{A_1, A_2, \cdots, A_m\}$ 表示由条件属性集 A 对论域 U 的划分，$\forall X \subseteq U$，记 $A_*(X) = \cup\{A_j \mid A_j \subseteq X\}$，则可以称 $A_*(X)$ 为 X 在 U 上关于 A 的下近似集。

在决策表 $S = (U,C,D,V,f)$ 中，对于 $\forall A \subseteq C$，假设 $U/A = \{A_1, A_2, \cdots, A_m\}$ 表示由条件属性集 A 对论域 U 的划分，$U/D = \{D_1, D_2, \cdots, D_h\}$ 表示决策属性集 D 对论域 U 的划分，则称 $POS_A(D) = \bigcup_{D_i \in U/D} A_*(D_i)$ 为条件属性集 A 在论域 U 关于决策属性 D 的正区域，简称正区域。

根据上述定义，可以定义属性 a 的重要度的概念。在信息系统 $S = (U,C,V,f)$ 中，$\forall a \in C$，假设 $U/\{a\} = \{A_1, A_2, \cdots, A_m\}$，则定义属性 a 的重要度为：

$$\mathrm{sig}(\{a\}) = \sum_{i=1}^{m} \frac{|A_i| \, |U - A_i|}{|U| (|U| - 1)}$$

5.3.2.2 属性权重的确定

在基于 HU 的差别矩阵中，$|A_i| \, |U - A_i|$ 表示属性 $\{a\}$ 在差别矩阵中所产生的差别元素的总数，通常用属性 $\{a\}$ 产生的差别元素的总数大小来作为启发信息，即如果某属性 $\{a\}$ 产生的差

别元素的总数越大，则认为属性$\{a\}$的重要性程度越高。在此也运用这一度量来度量信息系统中属性的重要度。

在信息系统$S=(U,C,V,f)$中，$\forall c_i \in C$，可以按如下公式定义属性c_i在信息系统中的权重。

$$W(\{c_i\}) = \frac{\mathrm{sig}(\{c_i\})}{\sum_{j=1}^{|C|} \mathrm{sig}(\{c_j\})}$$

5.3.3 基于层次分析法的属性主观权重确定

层次分析法是美国运筹学家 Saaty L. 在 20 世纪 70 年代中期提出的，这是一种简明实用的定性与定量分析相结合的系统分析与评价方法。层次分析法处理决策问题的基本思路是：把多目标、多准则且难以标准量化处理的决策问题化为多层次的单目标问题，通过两两比较来确定同一层次上各个元素相对上一层次元素的重要程度，最后得到指标的权重。层次分析法进行评价问题的基本步骤是：

第一步，建立指标层次结构。将问题中涉及的各个指标划分为不同层次，并确定各个层次指标之间的关系。

第二步，构造判断矩阵。在多属性评价中，特别是当评价指标较多时，人们很难直接考虑确定各个指标的重要程度。层次分析法要求对于每一层次中各指标的相对重要程度给出判断，并用数值对这种判断进行标度，形成判断矩阵。

设因素C_K下属几个指标$A_1, A_2, \cdots, A_n$；请评价人员以会议讨论或以 Delphi 法的方式对下层因素A_i和$A_j(i,j=1,\cdots,m)$进行两两比较，根据其相对重要程度赋予 1 ~ 9 的比例标度。比例标度的意义见表 5-1。

表 5-1 比例标度的意义

标度值	两个因素相比，一个因素比另一个因素的重要程度
1	同样重要
3	稍微重要

续表 5-1

标度值	两个因素相比，一个因素比另一个因素的重要程度
5	明显重要
7	强烈重要
9	绝对重要

注：1. 2，4，6，8 为上述相邻判断的中值。

2. 若 A_i 与 A_j 比较得 a_{ij}，则 A_j 与 A_i 相比得 $a_{ji} = 1/a_{ij}$。

由此，可以得到 C_K 下的判断矩阵 $A = (a_{ij})_{n\times n}$，见表 5-2。

表 5-2　判断矩阵 A 的元素表

C_K	A_1	A_2	…	A_n
A_1	1	A_{12}	…	A_{1n}
A_2	A_{21}	1	…	A_{2n}
⋮	⋮	⋮	⋮	⋮
A_n	A_{n1}	A_{n2}	…	1

第三步，计算排序权重。对第二步中指标两两重要程度的判断矩阵进行计算，得出同一层次下各指标的权重。可以采用幂法求解特征值的问题：

$$AW = \lambda_{\max} w$$

步骤如下：

（1）设一与判断矩阵同阶的正规化初始向量 $W^0 = [1/n, 1/n, \cdots, 1/n]^T$；

（2）对于 $k = 0, 1, 2, \cdots$ 计算 $W^{k+1} = AW^k$；

（3）令 $\beta = \sum_{i=1}^{n} W^{k+1}$，计算 $W^{k+1} = W^{k+1}/\beta$（正规化）；

（4）对于预先给定的精确度 ε，当 $\lambda_{\max} | W_i^{k+1} - W_i^k | < \varepsilon$ 成立时，则计算停止，取 $W = W^{k+1}$，否则继续进行（2）；此时

$$\lambda_{\max} = [\sum_{i=1}^{n} (W_i^{k+1}/W_i^k)]/n$$

W 即为 A_1, A_2, …, A_n 在 C_k 下的排序权重。

第四步，一致性检验。在对各指标重要程度进行两两比较时，可能会出现一些误差，无法满足一致性。为了保证应用层次分析法确定权重的合理性，需要对判断的结果进行一致性检验。具体步骤如下：

（1）计算一致性指标 CI。

$$CI = \frac{\lambda_{\max} - n}{n - 1}$$

（2）查表 5-3，得到平均随机一次性指标 RI，RI 是多次（>500 次）重复进行随机判断矩阵特征值的计算后取算术平均值得到的。

表 5-3 重复计算 1000 次的 *RI*

N	1	2	3	4	5	6	7	8	9	10	11	12
RI	0.00	0.00	0.52	0.89	1.12	1.26	1.36	1.41	1.46	1.49	1.52	1.54

（3）计算一致性比例 $CR = CI/RI$，当 $CR < 0.1$ 时，一般认为 A 的一致性是可以接受的；否则需要调整 A，直到达到满意的一致性为止。

重复上述计算过程，便可确定各项评价因素的权重，据以进行相应的评价与决策。

层次分析法的核心思想有两个：一是指标的分层，即通过建立问题所相应的层次结构模型，运用分层的思想将所研究的复杂问题转化为层次中的排序计算问题。二是运用两两比较的思想，通过这一思想解决了人们对多因素相对重要程度难以进行判断的问题。层次分析法可以解决复杂系统下各因素的排序问题，因此该方法在诸多领域得到非常广泛的应用。

5.3.4 基于方差最大化的属性组合赋权方法

5.3.4.1 基于方差最大化的属性权重确定方法

徐泽水在其《多属性决策的两种方差最大化方法》一文中

针对属性权重完全未知或权重信息部分确定的多属性决策问题，提出了方差最大化决策方法。这种方法能充分利用规范化评价的先验信息，得到客观可靠的评价结果。

假设 $X = (x_1, x_2, \cdots, x_n)$ 为方案集，$G = (f_1, f_2, \cdots, f_m)$ 是属性集。$y_{ij} = f_i(x_j)(i = 1,2,\cdots,m; j = 1,2,\cdots,n)$ 是方案 x_j 在属性 f_i 下的属性值。r_{ij} 为决策矩阵 $Y = (y_{ij})_{m\times n}$ 的规范化结果，属性的权重向量为 $w = (w_1, w_2, \cdots, w_n)^{\tau}$，其中 $w_i \geqslant 0$，$\sum_{i=1}^{n} w_i = 1$。从而可以得到方案 x_j 的综合属性值为：

$$r_j = \sum_{i=1}^{m} w_i r_{ij}, \quad j \in N$$

显然，综合属性值评判结果 r_{ij} 值越大，对应方案就越优。

属性权重的确定对综合评判结果的影响很大，但是由于客观事物的复杂性及人类思维的模糊性，人们很难明确给出每个属性的权重，甚至会出现人们根本对属性权重完全未知。在这种情况下，可以直接运用归一化约束条件的方差最大化方法来确定权重向量。

这种方法的基本思想是，如果所有决策方案在某个属性 f_i 下的属性值差异越小，则说明该属性在整个方案评价排序的结果所起作用越小，从而应赋予其越小的权重；反之，如果方案属性值偏差越大，则该属性应赋予更大的权重。特别地，如果所有决策方案在属性 f_i 下的属性值没有差异，则该属性对于方案的评价排序将不起作用，从而可以令其权重为0。

对于属性 f_i，若决策方案 x_j 与其他决策方案的偏差用方差 $\sigma_{ij}(w)$ 表示，则可以定义：

$$\sigma_i(w) = \sum_{j=1}^{n} \sigma_{ij}(w) = \sum_{j=1}^{n} (w_i r_{ij} - w_i \overline{r_i})^2, i \in M, j \in N$$

对于属性 f_i 而言，$\sigma_i(w)$ 表示所有决策方案与其他决策方案的总方差，权重向量 w 的选择应使得所有属性对所有决策方案的总方差最大，从而可以构造偏差函数：

$$\sigma(w)=\sum_{i=1}^{m}\sigma_i(w)=\sum_{i=1}^{m}\sum_{j=1}^{n}(w_i r_{ij}-w_i\overline{r_i})^2$$

$$=\sum_{i=1}^{m}\sum_{j=1}^{n}(r_{ij}-\overline{r_i})^2 w_i^2$$

通过求解下面的单目标最优化问题模型，就可以求出属性的权重向量。

$$\max\sigma(w)=\sum_{i=1}^{m}\sum_{j=1}^{n}(r_{ij}-\overline{r_i})^2 w_i^2$$

$$s.t.\ \sum_{i=1}^{m}w_i=1, w_i\geqslant 0, i\in M$$

5.3.4.2 一种基于方差最大化的主客观组合赋权方法

设某个多属性决策问题，其方案集为 $X=(x_1,x_2,\cdots,x_n)$，$G=(f_1,f_2,\cdots,f_m)$ 是属性集。$y_{ij}=f_i(x_j)(i=1,2,\cdots,m;j=1,2,\cdots,n)$ 是方案 x_j 在属性 f_i 下的属性值。r_{ij} 为决策矩阵 $Y=(y_{ij})_{m\times n}$ 的规范化结果。如果确定了权重向量 $w=(w_1,w_2,\cdots,w_m)^\tau$，就可以计算每个方案的评价结果：

$$Z_i=\sum_{i=1}^{m}w_i r_{ij}$$

对于主观赋权和客观赋权两种方式，各自都有一定的优点和缺点。这里我们先采用粗糙集理论和层次分析法分别确定评价属性的客观权重和主观权重，然后基于方差最大化原理采用了主观权重和客观权重相结合的组合赋权方式。

这里假设前面按照粗糙集理论确定的客观权重向量为 $U=(u_1,u_2,\cdots,u_m)^\tau, u_j\geqslant 0, \sum_{j=1}^{m}u_j=1$。又假设按照前面层次分析法确定的 $V=(v_1,v_2,\cdots,v_m)^\tau, v_j\geqslant 0, \sum_{j=1}^{m}v_j=1$。为了综合主观赋权和客观赋权两种方法的特点，把两种权重的线性组合表示为集

成权重 $w = \alpha U + \beta V$，其中 $w = (w_1, w_2, \cdots, w_m)^{\tau}$，$\alpha$、$\beta$ 为组合权向量的线性表示系数，$\alpha \geqslant 0, \beta \geqslant 0$，且 α、β 满足单位化约束条件 $\alpha^2 + \beta^2 = 1$。在已经确定了主观权重 $V = (v_1, v_2, \cdots, v_m)^{\tau}$ 和客观权重 $U = (u_1, u_2, \cdots, u_m)^{\tau}$ 的情况下，要得到最终集成的权重向量 $w = (w_1, w_2, \cdots, w_m)^{\tau}$，只需要确定 α、β 值即可。下面运用方差最大化原理来确定 α、β 的取值。

在多属性决策中，如果第 j 个属性对所有决策方案而言均没有明显差别，那么，该属性对决策方案的排序结果将不起作用，从而该属性的权重可以定为0；反之，如果各决策方案在某个属性上有较大的差异，则该属性对决策方案将起到较大的作用，从而应该给该属性赋予较大的权重。而方差是统计学中反映差异程度的一个重要指标。基于方差最大化的思想，权重向量 $w = (w_1, w_2, \cdots, w_m)^{\tau}$ 应当使得所有 m 个属性对所有 n 个决策方案的总方差达到最大。由此可以构建如下线性规划模型：

$$\max Z = \sum_{j=1}^{m} \sum_{i=1}^{n} (r_{ij} - \overline{r_{ij}})^2 w_j$$

$$= \sum_{j=1}^{m} \sum_{i=1}^{n} (r_{ij} - \overline{r_{ij}})^2 (\alpha u_j + \beta v_j)$$

$$s.t. \ \alpha^2 + \beta^2 = 1$$

$$\alpha, \beta > 0$$

模型中，$\overline{r_{ij}}$ 表示属性 i 的 n 个属性值的算术平均值，即有 $\overline{r_{ij}} = \frac{1}{n} \sum_{i=1}^{n} r_{ij} (j = 1, 2, \cdots, m)$。

为了求解上述最优化问题，可以构造如下 lagrange 函数：

$$L(\alpha, \beta) = \sum_{j=1}^{m} \sum_{i=1}^{n} (r_{ij} - \overline{r_{ij}})^2 (\alpha u_j + \beta v_j) + \lambda(\alpha^2 + \beta^2 - 1)$$

其中，λ 为 lagrange 乘子。令：$\frac{\partial L}{\partial \alpha} = 0, \frac{\partial L}{\partial \beta} = 0$，有：

$$\sum_{j=1}^{m}\sum_{i=1}^{n}(r_{ij}-\overline{r_{ij}})^2u_j+2\lambda\alpha=0$$

$$\sum_{j=1}^{m}\sum_{i=1}^{n}(r_{ij}-\overline{r_{ij}})^2v_j+2\lambda\beta=0$$

又有 $\alpha^2+\beta^2=1$，从而可以计算得到 α、β 的值如下：

$$\alpha=\frac{1}{\sqrt{1+\dfrac{\sum_{j=1}^{m}\sum_{i=1}^{n}(r_{ij}-\overline{r_{ij}})^2u_j}{\sum_{j=1}^{m}\sum_{i=1}^{n}(r_{ij}-\overline{r_{ij}})^2v_j}}}$$

$$\beta=\frac{1}{\sqrt{1+\dfrac{\sum_{j=1}^{m}\sum_{i=1}^{n}(r_{ij}-\overline{r_{ij}})^2v_j}{\sum_{j=1}^{m}\sum_{i=1}^{n}(r_{ij}-\overline{r_{ij}})^2u_j}}}$$

在得到 α、β 取值的情况下，进而可以得到集成权重 $w=\alpha U+\beta V$，再对 $w=(w_1,w_2,\cdots,w_m)^\tau$ 进行归一化处理，得到归一化后的结果 $w_0=(w_{01},w_{02},\cdots,w_{0m})^\tau$ 作为各个属性的最终权重。基于该权重结果可以得到各个方案的综合评价值结果：

$$Z_i=\sum_{i=1}^{m}w_{0i}r_{ij}$$

由于采用了客观赋权与主观赋权组合赋权方式，因此该方法得到的权重既考虑了决策者的偏好，又在一定程度上保证了决策的客观性，而且基于方差最大化思想的组合赋权方式，可以使得到的各个方案评价值比较离散，有利于决策者更明确地做出相关决策。

5.4 基于组合赋权的物流园区选址决策

在前面的分析中提到，物流园区的选址方法有数学规划模型选址法、多属性方案评价选址法和启发式算法选址法三类。在区域物流系统规划实践中，物流园区的选址往往会有一些备选地址的方案，对物流园区的选址决策实际上是对几个备选方案的选优，因此多属性决策方案评价方法被更多地采用。下面以某城市物流中心的选择为例，说明基于组合赋权的物流园区选址决策过程。

5.4.1 确定指标评价体系并取得赋值

这里依据层次分析法的原理选择指标评价体系，如图5-2所示，这里“目标层”即为物流园区的选址。依据影响物流园区选址的因素，选取各个选址的交通环境、效益性、配套功能和发展潜势四项作为“准则层”，每项准则层包含各自的决策指标。AHP层次结构中最低的一层是方案层，假设该选址决策有八个备选方案。

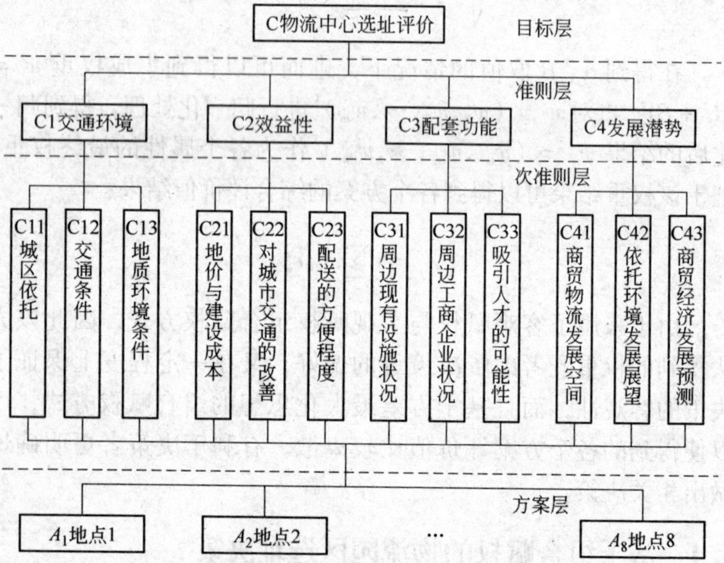

图5-2 区域物流节点选址的递阶层次结构

基于这些指标，请多位专家进行打分评价，对每个指标的打分依据优、良、中、差，最高分为 5 分，最低分为 0 分。对多位专家的打分结果进行算术平均，得到每个备选方案。各指标的平均得分如表 5-4 所示。

表 5-4 备选方案各指标的平均得分

方案	C11	C12	C13	C21	C22	C23	C31	C32	C33	C41	C42	C43
A_1	4.56	4.50	4.45	3.45	3.50	4.25	3.24	4.03	4.23	3.98	3.96	4.04
A_2	4.85	4.23	4.38	2.87	3.12	4.32	3.87	4.14	4.86	3.56	3.87	4.04
A_3	4.12	3.93	4.65	4.28	4.29	4.52	4.56	4.56	4.13	4.56	4.78	4.08
A_4	3.53	4.65	4.12	3.56	4.45	3.87	4.21	3.87	3.87	4.02	3.98	4.21
A_5	4.82	4.12	3.86	2.96	3.26	4.51	4.02	4.06	4.81	4.03	4.23	3.96
A_6	2.78	4.86	4.66	4.65	4.89	3.03	3.35	3.02	3.02	3.04	3.67	3.87
A_7	3.28	3.69	4.68	3.63	4.86	2.98	4.03	3.86	3.98	3.89	3.76	4.02
A_8	3.67	4.46	4.07	3.97	4.52	4.56	3.98	4.02	4.03	4.76	4.23	4.56

5.4.2 指标客观权重的确定

这里运用粗糙集理论确定各指标的客观权重。首先要对各指标的初始评分值进行离散化处理。处理的规则是：[4.5,5]为优秀，记为5；[4.0,4.5)为良好，记为4；[3.5,4.0)为中等，记为3；[3.0,3.5)为较差，记为2；3.0 以下为差，记为1，从而可以得到下列离散化后的属性集合，见表5-5。

表 5-5 备选方案各指标离散化后的初始评分值

方案	C11	C12	C13	C21	C22	C23	C31	C32	C33	C41	C42	C43
A_1	5	5	4	3	3	4	2	4	4	3	3	4
A_2	5	4	4	1	2	4	3	4	5	3	3	4
A_3	4	3	5	4	4	5	5	5	4	5	5	4

续表 5-5

方案	C11	C12	C13	C21	C22	C23	C31	C32	C33	C41	C42	C43
A_4	3	4	4	3	4	3	4	3	3	4	3	4
A_5	5	4	3	1	2	5	4	4	5	4	4	3
A_6	1	5	5	5	5	2	2	2	2	2	3	3
A_7	2	3	5	3	5	1	4	3	3	3	3	4
A_8	3	4	4	3	5	5	3	4	4	5	4	5

表 5-5 中，C11、C12、C13、C21、C22、C23、C31、C32、C33、C41、C42、C43 为 12 个决策属性，需要求决策类的值，即 8 个物流园区地址备选方案的评价值。

根据粗糙集理论，信息系统定义为：$S = (U, C, V, f)$，$\forall a \in C$，设 $U/\{a\} = \{A_1, A_2, \cdots, A_m\}$，定义属性 a 的重要度为：

$$\text{sig}(\{a\}) = \sum_{i=1}^{m} \frac{|A_i|\ |U - A_i|}{|U|(|U| - 1)}$$

根据属性重要度的公式，有：

$U/\{C11\} = \{\{A_1, A_2, A_5\}, \{A_3\}, \{A_4, A_8\}, \{A_7\}, \{A_6\}\}$；

$U/\{C12\} = \{\{A_1, A_6\}, \{A_2, A_4, A_5, A_8\}, \{A_3, A_7\}\}$；

$U/\{C13\} = \{\{A_1, A_2, A_4, A_8\}, \{A_3, A_6, A_7\}, \{A_5\}\}$；

$U/\{C21\} = \{\{A_6\}, \{A_3\}, \{A_1, A_4, A_7, A_8\}, \{A_2, A_5\}\}$；

$U/\{C22\} = \{\{A_6, A_7, A_8\}, \{A_3, A_4\}, \{A_1\}, \{A_2, A_5\}\}$；

$U/\{C23\} = \{\{A_3, A_5, A_8\}, \{A_1, A_2\}, \{A_4\}, \{A_6\}, \{A_7\}\}$；

$U/\{C31\} = \{\{A_3\}, \{A_4, A_5, A_7\}, \{A_2, A_8\}, \{A_1, A_6\}\}$；

$U/\{C32\} = \{\{A_3\}, \{A_1, A_2, A_5, A_8\}, \{A_4, A_7\}, \{A_6\}\}$；

$U/\{C33\} = \{\{A_2, A_5\}, \{A_1, A_3, A_8\}, \{A_4, A_7\}, \{A_6\}\}$；

$U/\{C41\} = \{\{A_3, A_8\}, \{A_4, A_5\}, \{A_1, A_2, A_7\}, \{A_6\}\}$；

$U/\{C42\} = \{\{A_3\}, \{A_5, A_8\}, \{A_1, A_2, A_4, A_6, A_7\}\}$；

$U/\{C43\} = \{\{A_8\}, \{A_1, A_2, A_3, A_4, A_7\}, \{A_5, A_6\}\}$。

以属性 C11、C12 为例，计算其属性重要度：

$$\begin{aligned}\mathrm{sig}(C11) &= \frac{|\{A_1,A_2,A_5\}|\,|U-\{A_1,A_2,A_5\}|}{|U|(|U|-1)} + \\ &\quad \frac{|\{A_3\}|\,|U-\{A_3\}|}{|U|(|U|-1)} + \\ &\quad \frac{|\{A_4,A_8\}|\,|U-\{A_4,A_8\}|}{|U|(|U|-1)} + \\ &\quad \frac{|\{A_7\}|\,|U-\{A_7\}|}{|U|(|U|-1)} + \\ &\quad \frac{|\{A_6\}|\,|U-\{A_6\}|}{|U|(|U|-1)} \\ &= \frac{3\times5}{8\times7}+\frac{1\times7}{8\times7}+\frac{2\times6}{8\times7}+\frac{1\times7}{8\times7}+\frac{1\times7}{8\times7} \\ &= \frac{48}{56}\end{aligned}$$

$$\begin{aligned}\mathrm{sig}(C12) &= \frac{|\{A_1,A_6\}|\,|U-\{A_1,A_6\}|}{|U|(|U|-1)} + \\ &\quad \frac{|\{A_3,A_7\}|\,|U-\{A_3,A_7\}|}{|U|(|U|-1)} + \\ &\quad \frac{|\{A_2,A_4,A_5,A_8\}|\,|U-\{A_2,A_4,A_5,A_8\}|}{|U|(|U|-1)} \\ &= \frac{2\times6}{8\times7}+\frac{4\times4}{8\times7}+\frac{2\times6}{8\times7} \\ &= \frac{40}{56}\end{aligned}$$

其余属性重要度的计算结果为:

$$\mathrm{sig}(C13)=\frac{38}{56},\mathrm{sig}(C21)=\frac{42}{56},\mathrm{sig}(C22)=\frac{46}{56},\mathrm{sig}(C23)=\frac{46}{56}$$

$$\mathrm{sig}(C31)=\frac{46}{56},\mathrm{sig}(C32)=\frac{42}{56},\mathrm{sig}(C33)=\frac{46}{56}$$

$$\mathrm{sig}(C41)=\frac{46}{56},\mathrm{sig}(C42)=\frac{34}{56},\mathrm{sig}(C43)=\frac{34}{56}$$

信息系统定义为：$S=(U,C,V,f)$，$\forall c_i \in C$，定义下面公式为属性 c_i 在信息系统中的权重。

$$W(\{c_i\}) = \frac{\mathrm{sig}(\{c_i\})}{\sum_{j=1}^{|C|} \mathrm{sig}(\{c_j\})}$$

根据该公式，可以计算各指标的权重结果，如表5-6所示。

表5-6 根据粗糙集理论确定的各决策指标权重

属性	权重	属性	权重	属性	权重	属性	权重
C11	0.0945	C21	0.0827	C31	0.0906	C41	0.0906
C12	0.0787	C22	0.0906	C32	0.0827	C42	0.0669
C13	0.0748	C23	0.0906	C33	0.0906	C43	0.0669

5.4.3 指标主观权重的确定

运用层次分析法确定各指标的主观权重。层次分析法的根本问题是求判断矩阵的最大特征根及其对应的特征向量，实际工作中，层次分析法计算时可以采用精确计算和近似计算，这里采用了近似计算法中的和积法进行计算。这里以准则层四个指标为例说明各层次主观权重的确定方法。

5.4.3.1 和积法的基本步骤

（1）确定判断矩阵，并将判断矩阵每一列规范化。

首先根据表5-1的1～9的比例标度确定构建相对重要程度比较判断矩阵 $B=(b_{ij})_{n\times n}$，并按下列公式将判断矩阵每一列规范化处理。

$$\bar{b}_{ij} = \frac{b_{ij}}{\sum_{j=1}^{n} b_{ij}}, \qquad i,j=1,2,\cdots,n$$

(2) 然后，将规范化后的判断矩阵按行相加得到向量 $\overline{W} = [\overline{w}_1, \overline{w}_2, \cdots, \overline{w}_n]^{\tau}$：

$$\overline{w}_i = \sum_{i=1}^{n} \overline{b}_{ij}, \qquad i,j = 1,2,\cdots,n$$

(3) 再将向量 $\overline{W} = [\overline{w}_1, \overline{w}_2, \cdots, \overline{w}_n]^{\tau}$ 进行规范化处理，得到所求的特征向量 $W = [w_1, w_2, \cdots, w_n]^{\tau}$，也就是该层次指标的权重向量。

$$w_i = \frac{\overline{w}_i}{\sum_{i=1}^{n} \overline{w}_i}$$

(4) 计算判断矩阵的最大特征根 λ_{max}。

$$\lambda_{max} = \sum_{i=1}^{n} \frac{(BW)_i}{nw_i}$$

(5) 依据判断矩阵的最大特征根值，可以求得一致性检验指标 CI。再基于表5-3 的一致性指标 RI 值，可以计算一致性比率 CR。

$$CI = \frac{\lambda_{max} - n}{n - 1}$$

$$CR = \frac{CI}{RI}$$

CR 称为一致性比率。当 $CR < 0.1$ 时，可以认为层次单排序的结果有满意的一致性，否则，需要对判断矩阵中各元素的取值进行重新调整。

5.4.3.2 确定物流园区选址指标的主观权重

这里以物流园区选址指标体系的准则层四个指标为例说明层次分析法主观权重的确定过程。

首先确定决策判断矩阵并进行规范化处理：

$$B=\begin{pmatrix}1 & 1/2 & 5 & 4\\ 2 & 1 & 6 & 5\\ 1/5 & 1/6 & 1 & 1/3\\ 1/4 & 1/5 & 3 & 1\end{pmatrix}$$

$$\overline{B}=\begin{pmatrix}0.2899 & 0.2679 & 0.3333 & 0.3871\\ 0.5797 & 0.5357 & 0.4000 & 0.4839\\ 0.0580 & 0.0893 & 0.0667 & 0.0323\\ 0.0725 & 0.1071 & 0.2000 & 0.0968\end{pmatrix}$$

则有：

$$\overline{W}=\begin{pmatrix}1.2781\\ 1.9993\\ 0.2462\\ 0.4764\end{pmatrix},\quad W=\begin{pmatrix}0.3195\\ 0.4998\\ 0.0615\\ 0.1191\end{pmatrix},\quad BW=\begin{pmatrix}1.3536\\ 2.1036\\ 0.2485\\ 0.4836\end{pmatrix}$$

可以计算判断矩阵的最大特征根：

$$\lambda_{\max}=\sum_{i=1}^{n}\frac{(BW)_i}{nw_i}=\frac{1.3536}{4\times0.3195}+\frac{2.1036}{4\times0.4998}+\frac{0.2485}{4\times0.0615}+\frac{0.4836}{4\times0.1191}=4.1355$$

从而可以求得一致性检验指标 CI：

$$CI=\frac{\lambda_{\max}-n}{n-1}=\frac{4.1355-4}{4-1}=0.0452$$

查表 5-3，得到 $RI=0.89$，从而计算一致性比率 CR：

$$CR=\frac{CI}{RI}=\frac{0.0452}{0.89}=0.0508<0.1$$

据此可以断定，该判断矩阵具有满意的一致性，从而就确定了准则层四个指标的相对权重。同样道理，可以确定次指标层各个指标的权重，最终确定各指标之间的权重关系，如表 5-7 所示。

表 5-7 各指标的主观权重

目标层	准则层	次准则层
物流园区选址	C1 交通环境 0.3195	C11 城区依托 0.1023
		C12 交通条件 0.1757
		C13 地质环境条件 0.0415
	C2 效益性 0.4998	C21 地价与建设成本 0.1999
		C22 对城市交通的改善 0.1749
		C23 配送的方便程度 0.1250
	C3 配套功能 0.0615	C31 周边现有设施状况 0.0205
		C32 周边工商企业状况 0.0266
		C33 吸引人才的可能性 0.0145
	C4 发展潜势 0.1191	C41 商贸物流发展空间 0.0244
		C42 依托环境发展展望 0.0422
		C43 商贸经济发展预测 0.0525

5.4.4 主客观组合权重的确定

基于 5.3.4 节中基于方差最大化的属性组合赋权方法，假设前面按照粗糙集理论确定的客观权重向量为 $U = (u_1, u_2, \cdots, u_m)^\tau, u_j \geqslant 0, \sum_{j=1}^{m} u_j = 1$。又假设按照前面层次分析法确定的 $V = (v_1, v_2, \cdots, v_m)^\tau, v_j \geqslant 0, \sum_{j=1}^{m} v_j = 1$。把两种权重的线性组合表示为集成权重 $w = \alpha U + \beta V$，其中 $w = (w_1, w_2, \cdots, w_m)^\tau$，$\alpha$、$\beta$ 为组合权向量的线性表示系数。而根据方差最大化原理，α、β 的取值分别可以计算为：

$$\alpha = \frac{1}{\sqrt{1 + \dfrac{\sum_{j=1}^{m}\sum_{i=1}^{n}(r_{ij} - \bar{r}_{ij})^2 u_j}{\sum_{j=1}^{m}\sum_{i=1}^{n}(r_{ij} - \bar{r}_{ij})^2 v_j}}} = 0.7325$$

$$\beta = \frac{1}{\sqrt{1 + \frac{\sum_{j=1}^{m}\sum_{i=1}^{n}(r_{ij} - \overline{r_{ij}})^2 v_j}{\sum_{j=1}^{m}\sum_{i=1}^{n}(r_{ij} - \overline{r_{ij}})^2 u_j}}} = 0.6807$$

在得到 α、β 取值的情况下，进而可以得到集成权重 $w = \alpha U + \beta V$，再对 $w = (w_1, w_2, \cdots, w_m)^{\tau}$ 进行归一化处理，得到归一化后的各个属性的最终权重结果，如表 5-8 所示。

表 5-8　决策指标的组合权重

属性	权重	属性	权重	属性	权重	属性	权重
C11	0.0982	C21	0.1392	C31	0.0568	C41	0.0587
C12	0.1255	C22	0.1312	C32	0.0557	C42	0.0550
C13	0.0588	C23	0.1071	C33	0.0539	C43	0.0600

5.4.5　物流园区选址评价结果

基于该权重结果，结合表 5-5 备选方案各指标的初始评分值，可以利用公式 $Z_i = \sum_{i=1}^{m} w_{0i} r_{ij}$ 计算得到各个方案的综合评价值结果，如表 5-9 所示。

表 5-9　备选方案评价结果

备选方案	综合评分值	评价结果排名
方案 1	3.9988	4
方案 2	3.9125	6
方案 3	4.3245	1
方案 4	4.0367	3
方案 5	3.9603	5
方案 6	3.9036	7
方案 7	3.8568	8
方案 8	4.2459	2

物流园区的选址是区域物流规划的重要内容。由于物流园区选址时往往会有一些备选方案，因此多属性方案评价方法被广泛地采用。多属性决策大多采用主观或客观权重确定方法，也有采用主客观综合赋权方法。本章运用粗糙集和层次分析法分别确定了物流园区选址评价指标的客观和主观权重，然后基于方差最大化的原理提出了一种主客观综合赋权方法。粗糙集客观赋权方法认为，某属性$\{a\}$产生的差别元素的总数越大，则认为属性$\{a\}$的重要性程度越高，这种方法根据各评价指标的实际取值来确定权重，从而忽略了各指标本身的重要性问题；而层次分析法则是一种典型的主观赋权方法。因此，粗糙集结合主观层次分析法的组合权重很好地将两者的优点有效地结合起来。最后，本章用一个算例证明了该种组合赋权决策方法的可行性。

6 物流园区布局规划技术及其应用

物流园区区域布局模型的类型有许多种，例如物理模型、模拟模型和数学模型。数学模型被应用于许多规划问题的建模中。

6.1 物流园区的功能区域划分及规划流程

物流园区的规划目标主要可以从两个方面着手考虑：物料流程和部门间的关联性。因此对物流园区区域规划要遵循一定的流程。

6.1.1 物流园区的功能区域划分

由于物流园区的主要功能和服务对象的不同，从现实角度来讲，物流园区的功能区还没有一个统一的划分标准。下面是一些可以参考的分类，表6-1 中是我国现存的物流园区的功能区的划分。

洪峙在《大连物流园区运输方案设计》一文中，将大连物流园区的功能区按不同的工程阶段划分为：（1）汽车物流区；（2）海铁联运内支线转运区；（3）仓储运输中心；（4）临港加工区；（5）预留区；（6）集装箱仓储区；（7）港口辅助区；（8）汽车物流区。其中，前五个区属于保税区。

史媛在《西安物流园区的规划研究》中按照功能设计主要可划分为：（1）B 型保税物流中心；（2）国内物流区；（3）国际物流区；（4）商品展示区；（5）行政/商务/办公综合区、配套生活区和货运配载中心。由于功能的特定分类，B 型保税物流中心和国际物流区是面向国际市场的，而国内物流区是面对国内客户的商品的配送分拨、中转集散等功能。其他的物流园区主要是进行一些辅助性的服务，为了更好更快地促进交易的达成和经济效益的最大限度发挥。

顾哲、夏南凯在《空港物流园区块布局》中，将空港物流的功能区块分为基本物流区块：（1）快递中心；（2）航空货运代理中心；（3）航空公司基地；（4）保税物流区（国际货物存储、中转中心）；（5）国内货物存储、中转中心；（6）综合物流区（二级物流运行商——第三方、第四方物流等）和衍生物流区块：（1）飞机维修基地；（2）生产加工区；（3）贸易商务区；（4）生活配套区。

表6-1是国内外几个大型物流园区的功能区划分情况。

表6-1　国内外大型物流园区功能区划分

物流园区名称	功能定位	功能区名称
大连物流园区	国际物流枢纽中心、商业中心、航运中心和信息中心集一身的国际物流中心，由保税区发展成更高一级的连接东北亚的自由贸易区	（1）集装箱转运区；（2）分拨配送区；（3）汽车保税区；（4）商品展示区；（5）临港加工区；（6）海铁联运内支线转运区；（7）商务办公区；（8）预留区
扬州港口物流园区	保税物流、港口中转（主要是以集装箱运输为核心的中转功能）和汽车工业金属板材加工业等相关产业配送物流和商贸市场物流	（1）国际中转区；（2）国际配送区；（3）国际采购区杂货仓储区；（4）查验区；（5）配装区；（6）发货区
浦东空港物流园区	保税、存储、贸易、运输、飞机维修、商务综合服务	（1）快递中心；（2）航空货运代理中心；（3）航空公司基地；（4）保税物流区（国际货物存储、中转中心）；（5）国内货物存储、中转中心；（6）综合物流区（二级物流运行商——第三方、第四方物流等）；（7）飞机维修区；（8）贸易商务区；（9）生活配套区；（10）生产加工区

续表 6-1

物流园区名称	功能定位	功能区名称
青岛前湾物流园区	集保税功能、集装箱中转功能和综合性商贸信息一体的东北亚地区的物流园区	(1)保税加工配送区;(2)物流储运区;(3)临港作业区;(4)高科技信息综合服务区;(5)特色物流区;(6)商品展示区;(7)口岸查验区
德国不来梅物流园区	进出口货物的查验及保税，货物的转运，商品的展示等商务服务，外贸业务的支持	(1)集装箱堆放地;(2)物流中心;(3)外贸区;(4)铁路仓储区;(5)冷藏仓库;(6)预留区;(7)综合服务区;(8)环保用地

6.1.2 物流园区规划的目标

物流园区的规划目标主要可以从两个方面着手考虑：物料流程和部门间的关联性。活动相关性与流程动态分析不同之处在于前者同时考虑物流关系和非物流关系，除了考虑生产部门外，办公室、服务设施和辅助劳动等均可根据彼此间的相关性加以分析，从而来比较合理地决定规划位置。而后者是要针对生产部门，只考虑物料的流程，配合制造程序与设备特征，希望尽量减少制造过程所需行径的距离及逆回流程，以提高生产的速度及效率，并根据此原理规划工作区或设备的位置。

但是王淑琴指出：在宏观空间应该主要考虑活动关联性的分析，而微观空间布置主要考虑流程动线分析。整个物流园区的布局规划是宏观方面的问题，因此在设定规划目标时，主要考虑活动关联性。综合物流的特点，物流园区的规划要满足以下目标：

（1）符合物流货运操作的顺序，使得货物的进出有序，尽量避免重复作业。对于需加工的产品，尽量使得加工周期短，设备使用效率高。

（2）优化货物的搬运费用，不仅节省了搬运支出，而且减少了搬运的次数，相对减少了搬运的强度。

（3）组织结构的合理化，这一点可以引入 SLP 方法的思想，使相关联度大的功能区尽量能够进行作业之间的协调。

（4）空间的合理利用。这一点主要是在各功能区面积一定的情况下，通过较优的布局方式来进行空间占地面积的优化。

（5）尽量考虑进出物流园区货物的特点，使得物流操作成本较小。

（6）满足园区内工作人员的基本需求，使得他们能够在一个干净便捷的环境中工作。

6.1.3 物流园区规划的流程

一般来讲，综合不同的物流园区的类型和发展方向，对于一个物流园区的规划分为几个大的部分：（1）基础信息的采集、分析和整理；（2）初步拟定规划方案；（3）考虑综合因素，对规划方案的评价筛选；（4）执行规划方案，即主要分为准备阶段、规划阶段、评价阶段和执行阶段。具体流程如图 6-1 所示。

6.2 物流园区的布局规划方法

在平面设计物流园区功能区之间的位置时，除了要考虑功能区模块之间的物流关系之外，还要考虑非物流关系，因为伴随物流活动的发生，还会产生很多人际、工作事务、行政事务等方面的行为，尤其是在服务、商务、生活配套区等功能区。

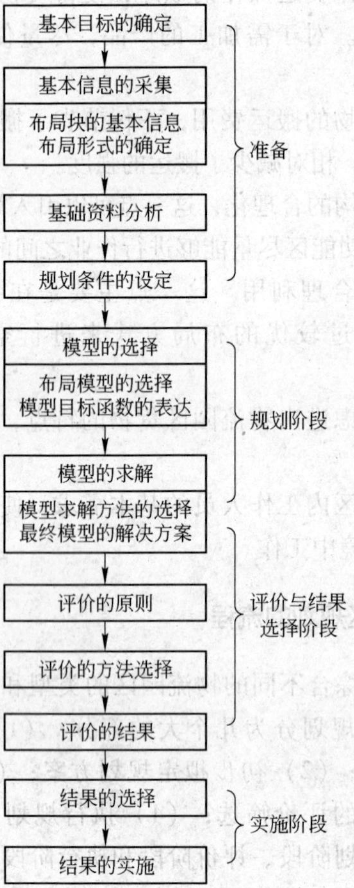

图 6-1　物流园区规划具体流程

6.2.1 图论关系法布局

6.2.1.1　功能区布局的相关性分析

本章在讨论物流园区功能区之间的关系时，主要从物流关系和非物流关系两个方面讨论。Muther 提出了一套相关程度评分的等级系统，每个系统都对应一个字母，并给出相应的评价等级的理由代号，相关因素程度等级及量值如表 6-2 所示。同时，为了直观清楚地表达各个作业区间的关联程度，还给出了一个示例图。这里对该图做了一些调整，变为表的形式，如表 6-3 所示。

表 6-2　关联因素程度等级及量值

相关联程度等级		相关因素		量值（V_{ij}）
等级代号字母	接近程度说明	理由代码	接近理由	
A	绝对必要（absolutely necessary）	1	物料流动频繁	8
		2	共用相同的空间区域	6
E	特别重要（especially important）	3	信息交流方便	4
		4	共用设施	2
I	重要（important）	5	组织管理	0
O	普通重要（ordinary important）	6	人员接触方便	−2
		7	提升工作效率考虑	
U	不重要（unimportant）	8	工作生活环境考虑	
X	不可接近（undersirable）		…	

在总活动中各等级关联比例如下：A 占 5% ~ 10%；E 占 10% ~ 20%；I 占 20% ~ 30%；O 占 20% ~ 30%；U 占 20% ~ 85%；X 占 0 ~ 10%。

表 6-3　作业单位关联表

作业区关联	相关程度	理由代码
(1) - (2)	E	1,6
(1) - (3)	A	1,2
(1) - (4)	I	4
(1) - (5)	E	3,6

续表 6-3

作业区关联	相关程度	理由代码
(2)-(3)	O	
(2)-(4)	U	
(2)-(5)	A	
(3)-(4)	O	
(3)-(5)	I	7
(4)-(5)	E	4,6

在表6-3中，假设表中的作业区分别代表：(1) 物流配送区；(2) 集装箱作业区；(3) 加工增值区；(4) 管理办公区；(5) 保税物流区。

6.2.1.2 图论关系法布局方法

由于非物流方面的影响可以大致分为管理方面、流程方面、作业方面和环境方面等因素的影响，所以在此传统的关系密切度为 $CR_{ij} = mMR_{ij} + nNR_{ij}$。综合考虑各方面的非物流因素和物流因素，将公式改为 $T_{ij} = \beta_1 M_{ij} + \beta_2 N_{ij} + \beta_3 H_{ij} + \beta_4 K_{ij} + \beta_5 L_{ij}$，各个参数的含义参见6.2.2节。根据专家给出的各部分的权重和物流区之间的关系值后，得出作业单元的综合关系表，然后根据各个作业表之间的关系密切程度，先将关系密切度分值最高的两个功能区放入，然后选定第三个与前两个同时具有最高关系的功能区放入，先考虑A的个数，再考虑E、I、O、U、X，按照AA、AE、AI、AO、EE、EI、EO、II及IO的顺序排列。在选择下一个功能区时原理相同。确定好整个园区各个功能区的相对位置后按照实际的尺寸依次排开。由于在此放置的位置可能会受到主管的影响，所以可能会出现多个布局方案。经过专家对不同的方案进行选择评价择优，将评价因素进行量化和评分，然后选出最终的方案。

6.2.2 物流园区布局模型

模型的类型有许多种，例如物理模型、模拟模型和数学模型，而数学模型被应用于许多规划问题的建模中。对于设施布局问题的模型，大致可分为构建模型、优化模型和仿真模型，其中构建模型是指将功能区按一定比例抽象为小的模块，依据“密切度”原理在一定的布局平面上进行位置的组合，构建布局图；优化模型主要是在原始的布局方案的基础上，根据不同的目标（如成本最小化）等进行改进，从而找到较优的布置方案；仿真模型，主要是利用计算机进行系统仿真、设计和运作等来分析已形成的方案。

物流园区布局规划的目标是各功能之间密切度最大，也就是量化关系后的数值总和最大。在做这项评估之前，本书先做三个假设：第一，将通道宽度平均分为两部分计入区域的宽，通道便简化成了一条无宽度的线，即功能区的相邻边；第二，各功能区均为矩形轮廓；第三，布局在同一平面上进行。

除上面的条件外，对角接触均不相邻，例如图6-2，区域5仅与区域2、4、6、8相邻。因此，某一功能区域在位置上的位置分数等于同该功能区相邻的所有功能区与它的综合密切程度分数之和，即i区的位置分数：

$$PD_i = \sum_{j=1}^{k} T_{ij}$$

式中 PD_i——功能区i的位置分数；

j——与功能区i相邻的功能区序号；

k——与功能区i相邻的功能区数量；

T_{ij}——功能区i、j之间的综合相关密切程度。

区域1	区域4	区域7
区域2	区域5	区域8
区域3	区域6	区域9

图6-2 功能区位关系示意图

某区的位置分数与该区域关系密切功能区布置的个数成正

相关，即越高相对位置布置越合理。当所有功能区的位置分数总和 TPD 最高时，物流园区的布局整体最优，有：

$$TPD = \sum_{i=1}^{n-1} PD_i = \sum_{i=1}^{n-1}\sum_{j=i+1}^{n} T_{ij} z_{ij}$$

式中 z_{ij}——决策变量，$z_{ij} = \begin{cases}1,当 i 与 j 是相邻区域时 \\ 0,当 i 与 j 不是相邻区域时\end{cases}$

n——功能区的数量；

T_{ij}——功能区 i 与 j 之间的综合相关密切程度分值。

功能区之间综合相关密切程度分数 T_{ij} 需要对因素之间的影响程度进行量化（如 A 对应 7，E 对应 5，I 对应 3 等），再根据专家推荐权重，最后按照下面的公式求出最终的功能区之间综合相关密切程度分值：

设 L_{xi} 为功能区 i 在 x 轴方向上的长度；L_{yi} 为功能区 i 在 y 轴方向上的长度

$$T_{ij} = \beta_1 M_{ij} + \beta_2 N_{ij} + \beta_3 H_{ij} + \beta_4 K_{ij} + \beta_5 L_{ij} \quad (i,j = 1,2,\cdots,n)$$

式中 T_{ij}——功能区 i、j 间的综合分值；

β_1——物流关系权重；

M_{ij}——功能区 i、j 间物流关系分值；

β_2——管理关系权重；

N_{ij}——功能区 i、j 间管理关系分值；

β_3——流程关系权重；

H_{ij}——功能区 i、j 间流程关系分值；

β_4——作业关系权重；

K_{ij}——功能区 i、j 间作业关系分值；

β_5——环境关系权重；

L_{ij}——功能区 i、j 间环境关系分值；

设 ε 为参数，当 $\varepsilon=0$ 功能区之间存在进出口商品的流动；当 $\varepsilon=1$ 功能区不存在进出口商品的流动。

目标函数为：

$$F = \max TPD = \max \sum_{i=1}^{n-1} \sum_{j=i+1}^{n} T_{ij} z_{ij}$$

$$= \max \sum_{i=1}^{n-1} \sum_{j=i+1}^{n} (\beta_1 M_{ij} + \beta_2 N_{ij} + \beta_3 H_{ij} + \beta_4 K_{ij} + \beta_5 L_{ij}) z_{ij}$$

（1）保证区域布置不重叠，X_i、Y_i 分别是 i 区域的质心在 X、Y 方向上的坐标值，其中 $i=1, 2, \cdots, n$，则有：

$$\begin{cases} |X_i - X_j| \geqslant \dfrac{M_{xi} + M_{xj}}{2} \\ |Y_i - Y_j| \geqslant \dfrac{M_{yi} + M_{yj}}{2} \end{cases}$$

（2）保证布局在设定区域内进行，其中，h、g 分别为物流中心在 X、Y 方向上的长宽。

$$\begin{cases} 0 < X_i < h \\ 0 < Y_j < g \end{cases}$$

将功能区 i 与 j“相邻”的定义转换为数学表达式，就得到 z_{ij} 的判断条件。

1）当功能区 i 与功能区 j 有相邻边，且相邻边与 Y 轴平行，则：

$$\begin{cases} |X_i - X_j| = \dfrac{M_{xi} + M_{xj}}{2} \\ |Y_i - Y_j| < \dfrac{M_{yi} + M_{yj}}{2} \end{cases}$$

2）同理，当功能区 i 与 j 有相邻边，且相邻边与 X 轴平行时，则：

$$\begin{cases} |X_i - X_j| < \dfrac{M_{xi} + M_{xj}}{2} \\ |Y_i - Y_j| = \dfrac{M_{yi} + M_{yj}}{2} \end{cases}$$

若 z_{ij} 满足1）或2）时，则 $z_{ij}=1$，否则 $z_{ij}=0$。

6.2.3 布局模型的求解方法

由于模型和求解过程的复杂性，使得对优化解法的需求不断提高。很多情况下，一些大的模型只能取近似解。归纳起来，算法主要有爬山法、模拟退火法和遗传算法。

爬山法的主要原理是通过在当前点附近的点进行搜索和选择，如果有更优函数目标值，则这个点就取代原来的当前点，成为新的当前点，直到没有更优值为止。可以明显看出，这种方法很有可能得出的只是局部最优值，这主要是由于初始点的选择会对整体解的范围有一个局限，所以，使用这种方法找到最优解的可能性会比较小。

模拟退火法（Simulated Annealing，SA）是从对初始状态的函数目标值到新的设计状态的函数目标值进行评价，不断更新当前状态的过程，这主要是通过引入接受概率 P 来进行操作的，如果新点的目标函数值更好，则 $P=1$，否则 $P>0$，公式为 $P_{\text{accept}}=\mathrm{e}^{-\frac{\Delta\varepsilon}{T}}$，从公式中可以看出，当温度较低时，整体的接受概率就小，而在整个过程中，T 是随着算法的进行而降低的，最后不再变化，而此时的函数值通常靠近最优点。但是由于受到计算速度和时间的局限，难以保证计算结果为全局最优解，优化效果不是很好。

遗传算法是 John Holland 在1975年基于达尔文的遗传选择和优胜劣汰的生物进化过程提出的计算模型。它是通过对有潜在解的群体进行多方向的搜索、选择，并且支持这些方向上信息的交叉处理，然后再搜索、选择，如此下去，直到满足判定条件，算法终止，最后一代染色体对应的解就是近似最优解。具体来讲，首先，它将个体或问题的近似解转化成数字串（由自然数组成的），称作解的染色体（chromosome，以下简称染色体），使基因（gene，染色体值）能在（表现）域决策变量上被唯一描述。这个将问题的解转化成染色体的过程称为编码。其次，随机产生一定数量的染色体组成一个染色体集合，把它称为群体（population）。群体中染色体的数目在计算过程当中始终是固定的，令它为 P（即种群数量）。这个随机产生的群体称为遗传算法的初始代。再次，通过特征目标函数——适应性函数值（fitness，以下简称适应度）来估计个体在问题域中的特性，适应度高的个体具有较高选中参加交配的概率。最后，通过对初始代的选择（selection）、交叉（crossover）、变异（mutation）计算产生子代个体，再对子代继续进行选择、交叉、变异计算，它又产生自己的子代个体。如此这样循环，直到找到满足判定条件的解，最后一代染色体对应的解就是近似最优解。

遗传算法相对模拟退火法来讲，有几个特点：首先，遗传算法是自己对进化过程中的信息进行自己组织搜索；其次，遗传算法的搜索方式具有独特性。它不是针对个体进行，而是对一个种群进行搜索；再次，就是遗传算法的概率转化能够根据问题本身和使用者特殊要求进行解的筛选。

基于遗传算法不可代替的优点，本书采用遗传算法来对模型进行求解。主要步骤为：

第一步，编码设计。在本书中的国际物流园区规划中，共设计了 8 个基本功能区模块，其染色体编码为 1｜2｜3｜4｜5｜6｜7｜8｜。

第二步，设计初始代。群体规模 N 直接能影响到遗传算法的执行效率。N 选择太小，优化性能不好，太大又会增加规模的复杂程度，从而加大难度。本书以 N 个功能区模块为布局方案设计的种群，以这 N 个基因型结构数据作为初始点开始搜索。

第三步，适应性函数的选定。根据前面对适应性函数的描述，适应性函数最终确定的是适应度高的个体具有较高选中参加交配的概率。本书中模型里定义的目标函数 $F = \max TPD = \max \sum_{i=1}^{n-1} \sum_{j=i+1}^{n} T_{ij} z_{ij}$ 就是为了得到综合密切程度最高，所以，选择 F 为适应性函数符合本书对适应性函数的要求，从而求出最大的适应度值即为目标函数的最优解。

第四步，算子的选择、交叉及变异。算子的选择主要是基于适应度值的大小，根据优胜劣汰的自然法则，选择出适应度较高的个体来作为下一代的父代。选择好父代后，就开始通过交叉算子来产生新的个体，通过交换群体中选择的两个个体的某些位，来产生新的个体，新个体除了继承父代的基本特征外，很有可能比父代的适应度更强。而变异算子的作用，主要是为了维持群体的多样性。基于变异概率随机制定某一位或几位的值做变异运算。

综上所述，使得系统不断对新一代的适应值进行评价，直到满足终止条件为止，即找到了最优解。

6.3 物流园区布局方法的应用

以东北地区某港口城市为例。为顺应该市现代化国际大都市建设的发展以及对外开放的需要，现拟建一物流园区 G，立足于发展成为东北地区连接东北亚的最活跃的国际物流产业基地之一，实现国际物流配送功能、物流多式联运中转及分拨功能、保税物流功能、国际物流的咨询培训等服务功能及综合贸易商务功能。

6.3.1 物流园区建立背景

该市所在地区是我国进出口的重要地区之一，拥有良好的天然地理位置。一个港口要发展，就需要提高经济效益，包括提高港口的使用效率和服务质量，而这些都是通过发展物流业来体现的。同时，港口物流还起着扩展港口功能的作用，这些都使得发展港口的物流业势在必行。而发展港口物流业首先是要对其有一个良好的规划，其中包括对物流园区的规划，因为这将直接影响到物流的运作效率问题。

拟建的物流园区发展定位是以通道式的口岸中转集散物流为重点，区域性国际分拨物流和城市配送物流为支撑，着重加强以该市为中心的大型物流的集疏运体系和物流服务体系的建设。该物流园区的建设，一方面是为了满足海洋运输和国际多式联运的需求，为发挥港口强大的商业辐射功能提供平台；另一方面，该市应该在原有的经济基础上，努力挖掘新的增长点，而国际贸易带来的全球性的分工必将产生更大的利润，从而带动经济的发展，而后将能够覆盖到更多的国家和地区，进行经济增长的良性循环。此时，该市的企业，尤其是发展战略由内向转为外向型的企业，对现代物流尤其是国际物流服务的需求将逐渐加大。该物流园区的建成，在很大程度上满足该市的企业的需求，从而能够更好地促进现代城市物流业的发展。

6.3.2 园区货物种类定位

根据物流业的成长规律和世界物流发展格局演变的形势，着眼于更广阔的地区或区域的物流发展实际的需要，结合该市港口目前的货物种类、运输方式和港口的自身条件以及该市本身和港口的未来规划，以及货物特征、运输方式等诸多因素来确定物流园区的货物种类。经过调研，各类货物情况如表 6-4 所示。

表 6-4 物流园区分货种预期吞吐量

货种 年份	集装箱 （万 TEU）	石化产品 /kt	粮食 /kt	农副产品 /kt	建筑材料 /kt	机电产品 /kt
2010	400	50000	18000	15000	20000	12000

根据物流园区的功能定位和入园货物的种类和吞吐量，以及前文分析，将该物流园区 G 分为：（1）国际物流加工区；（2）国际物流配送区；（3）物流储运区；（4）高科技信息综合服务区；（5）保税区；（6）生活配套区；（7）海关监管区。每个功能区实现的功能如下：

（1）保税区主要是由于国际业务的需要而开设的，由于该市的整体发展战略是发展成为一个和世界高度接轨，国际性的大都市，所以，在G港口的物流园区中是必不可少的。它主要的作用是为免关税和进出该区的货物免去海关惯常监管。货物的拆箱、分拣、保税商品展示、清关等工作都是在保税区内展开的。

（2）临港加工区主要用于对货物的分拨、包装和加工，其中加工包括一些简单加工，如组配和科技含量较高的加工。

（3）国际物流配送区主要是对进口的或是从国内运来的货物到达港口后对其进行检验、整理分类和保管，按照指定的要求完成物流的中转运输工作及将出口的货物完成集中拼箱等，然后运至下一步将要进行处理的功能区。

（4）物流储运区主要用于货物的暂时存放，主要集中特殊商品的保管、普通货物的存储中转和一定的配送功能。

（5）高科技综合信息服务区主要是实现包括来自政府的政策、经济动向、行业的新动向、整体港口运行情况等信息的发布，项目审批进展情况、税收政策的调整的公布，航线的查询等。

（6）生活配套区主要为物流园区的人员提供生活服务及配套设施，以满足他们的基本需要，主要是对衣食住行的需求。

（7）海河联运区主要是保障货物的多式联运等作业的良好衔接和运作。

参考该市现代物流发展报告，预算该市的物流园区各功能区的面积比，以及咨询专家意见，如表6-5及表6-6所示。

表6-5 专家对各个功能区的面积比的评价表

专家 \ 功能区名称	临港加工区	国际物流配送区	物流储运区	信息综合服务区	保税区	生活配套区	物流分拨区
专家1	2.0	1.4	0.3	1.8	0.7	1.55	0.4
专家2	1.5	1.9	0.5	1.3	0.4	1.6	0.15
专家3	1.2	1.7	0.25	1.55	0.6	1.65	0.2
专家4	1.8	1.6	0.4	1.4	0.55	1.4	0.25

续表 6-5

功能区名称 / 专家	临港加工区	国际物流配送区	物流储运区	信息综合服务区	保税区	生活配套区	物流分拨区
专家 5	1.0	1.5	0.45	1.35	0.45	1.7	0.32
专家 6	1.5	1.3	0.55	1.6	0.6	1.75	0.28
专家 7	1.6	1.2	0.35	1.5	0.75	1.35	0.3
专家 8	1.7	1.1	0.5	1.65	0.7	1.3	0.35
专家 9	1.4	1.5	0.4	1.5	0.65	1.25	0.3
专家 10	1.3	1.8	0.3	1.45	0.8	1.45	0.45
平均值	1.5	1.5	0.4	1.5	0.6	1.5	0.3

表 6-6 功能区面积及长宽比上下限参数

功能区名称	面积/m^2	长宽比例
临港加工区	48×10^4	1.5
国际物流配送区	50×10^4	1.5
物流储运区	100×10^4	0.4
信息综合服务区	45×10^4	1.5
保税区	200×10^4	0.6
生活配套区	12×10^4	1.5
物流分拨区	70×10^4	0.3

6.3.3 功能区之间关系分析

根据物流园区的作业流程，结合 6.2.1 节的分析，各功能区之间开展的业务流程之间的关系如图 6-3 所示。功能区物流之间的流量如表 6-7 所示。

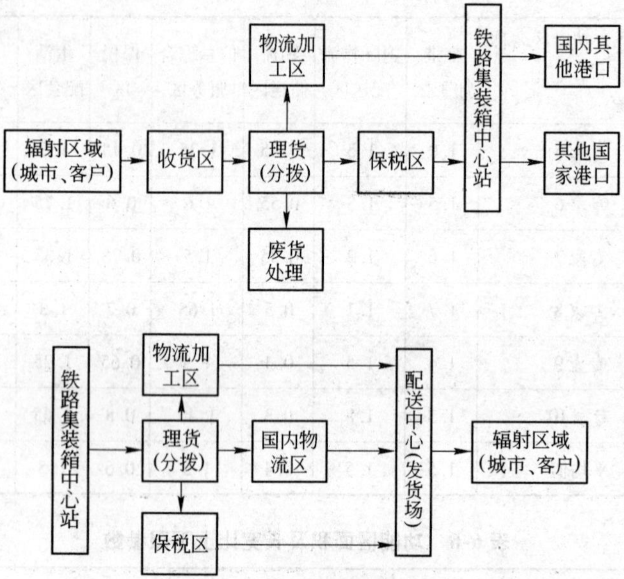

图 6-3　物流园区内部物流流程之间的关系

表 6-7　功能区物流之间的流量　（kt）

从＼至	临港加工区	国际物流配送区	物流储运区	信息服务区	保税区	生活配套区	物流分拨区
临港加工区		400	2400		1180		500
国际物流配送区	380		100				60
物流储运区	2800						
信息服务区							
保税区	980	720					130
生活配套区							
物流分拨区	1020	180			450		

结合物流分析结果和非物流之间的关系，咨询专家的意见，取得较合理的影响因素的权重，$\beta_1=0.2$，$\beta_2=0.2$，$\beta_3=0.3$，

$\beta_4 = 0.2$, $\beta_5 = 0.1$，得出综合关联表，见表6-8。

表6-8 功能区之间综合相互关联表

作业区关联	相关程度										综合关系分值
	物流关系（β_1）		管理关系（β_2）		流程关系（β_3）		作业关系（β_4）		环境关系（β_5）		
	等级	分值	等级	分值	等级	分值	等级	分值	等级	分值	
(1)-(2)	O	2	E	6	O	2	E	6	A	8	4.2
(1)-(3)	I	4	I	4	I	4	E	6	O	2	4.2
(1)-(4)	U	0	O	2	U	0	O	2	U	0	0.8
(1)-(5)	E	6	O	2	A	8	E	6	O	2	5.4
(1)-(6)	O	2	U	0	U	0	U	0	U	0	0.4
(1)-(7)	E	6	O	2	I	4	I	6	O	2	3.6
(2)-(3)	O	2	E	6	I	4	I	4	E	6	4.2
(2)-(4)	U	0	I	4	I	4	U	0	O	2	2.2
(2)-(5)	A	8	U	0	O	2	E	6	E	6	4.0
(2)-(6)	U	0	O	2	U	0	O	2	U	0	0.8
(2)-(7)	O	2	I	4	U	0	U	0	U	0	1.2
(3)-(4)	U	0	U	0	U	0	O	2	U	0	0.4
(3)-(5)	A	8	O	2	O	2	I	4	O	2	3.6
(3)-(6)	U	0	I	4	U	0	U	0	U	0	0.8
(3)-(7)	E	6	U	0	I	4	O	2	O	2	3.0
(4)-(5)	I	4	E	6	I	4	U	0	O	2	3.4
(4)-(6)	U	0	A	8	U	0	I	4	I	4	2.4
(4)-(7)	U	0	O	2	I	4	O	2	U	0	2.0
(5)-(6)	U	0	O	2	U	0	U	0	U	0	0.4
(5)-(7)	O	2	E	6	I	4	I	4	O	2	3.6
(6)-(7)	U	0	O	2	U	0	U	0	U	0	0.4

6.3.4 图论法求解功能区布局

根据关联表，基于前面介绍的布局方法，对各功能区进行布局。根据综合分值，先把1~7放入规划区域，因为它们的综合分值最高，为5.8，所以1和7之间的关系最密切，应该是相邻的。考虑功能区5，它与功能区1是相邻的，但是由于5和7之间的综合分值为3.6，也相对较高，可以考虑三个区块呈三角形排放。功能区2和3，它们之间和它们与功能区1之间的综合关系分值都为4.2，所以可以考虑把2和3相邻，并都与1相邻。然后是功能区4，功能区4与功能区5和功能区6的关系比较密切，所以可以考虑相邻排放。最后入园的是功能区6，功能区6仅与功能区4综合关系值较高，应该与4相邻。除了功能区的密切关系程度外，还要综合考虑功能区的面积，布局见图6-4。

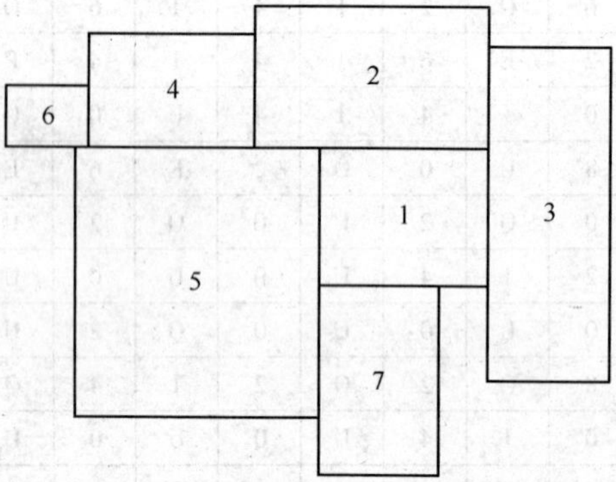

图6-4 各功能区的布局关系

6.3.5 遗传算法求解功能区布局

在遗传算法中，首先要考虑的一个因素是种群规模，较小的规模容易导致的结果是局部最优，相反，较大的规模容易在更加广泛的空间找到最优解，而得到的更加理想的结果的概率就大大加强了，但是却加大了计算量，降低了遗传算法的效率。根据前人从许多不同角度的研究实验结果，发现种群规模取值一般为100~1000，除了种群规模以外，还要考虑的因素有交叉概率和变异概率。交叉概率的意义在于它可以增强遗传算法搜索区域的能力，但是太高的概率会破坏高性能的模式，而太低又起不到作用。一般交叉概率选取在 0.25～0.95 之间。变异概率的意义在于使得群体呈多样性，概率太小可以使群体中重要的单一基因丢失的概率降到很小，但同时也要注意到，如果变异率太高会让此算法侧重于随机搜索。通常取值为 0.005～0.1。本书在实际进行编程操作的过程中，得出交叉概率较大，在 0.8 以上，种群规模在 800 以上时，得出的模拟效果比较好。如图 6-5(a)所示为种群数量为 300，交叉概率为 0.8；图 6-5(b)所示为种群数量为 300，交叉概率为 0.6；图 6-5(c)所示为种群数量为 1000，交叉概率为 0.8。其中，上面一条曲线表示的是总体平

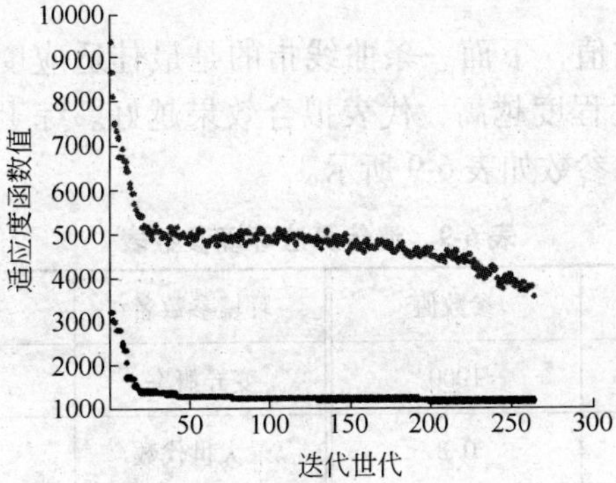

(a)

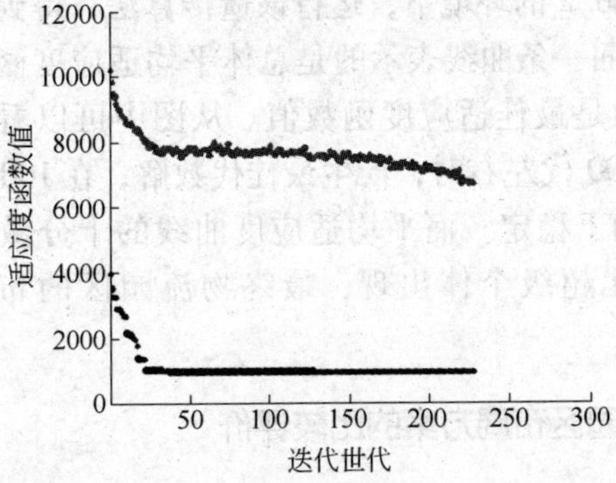

(b)

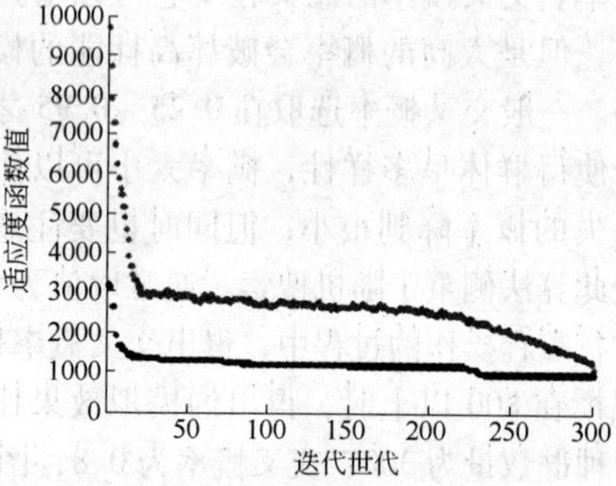

(c)

图 6-5 遗传算法迭代运行图

均适应度函数值，下面一条曲线指的是最佳适应度函数值，当两条曲线接近程度越高，代表拟合效果越好。综上所述，本书遗传算法环境参数如表 6-9 所示。

表 6-9 遗传算法环境参数表

环境参数名	参数值	环境参数名	参数值
种群规模	1000	变异概率	0.05
交叉概率	0.8	最大世代数	600

在 Matlab6.2 的环境下，运行该遗传算法，得到其迭代过程见图 6-5。上面一条曲线表示的是总体平均适应度函数值，下面一条曲线指的是最佳适应度函数值。从图中可以看出，在遗传算法运行到 100 代左右时，产生最佳代数解，在 100 代以后，适应度函数值趋于稳定。而平均适应度曲线的十分微小的振幅表明了种群中无超级个体出现，最终物流园区的布局如图 6-6 所示。

6.3.6 物流园区布局方案的比较评价

从物流功能区之间的相关度来看，临港加工区和物流储运

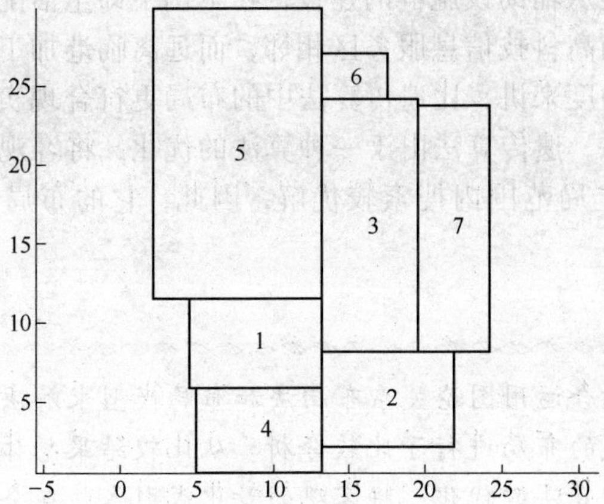

图 6-6　遗传算法功能布局图

区之间的综合分值是 4.2，临港加工区和国际物流配送区之间是 4.2，物流储运区和海河联运区之间是 3，高科技信息服务区和保税区之间是 3.4，高科技信息服务区和生活配套区是 2.4，物流储运区和保税区是 3.6。但是在图论法中得出的布局方案物流储运区和保税区相对距离较远，可能会造成一定运输成本的浪费。而遗传算法的布局方案中也同样存在高科技信息服务区和保税区相对距离较远的问题。

从图论关系法得出的布局方案来讲，遗传算法的布局方案从土地利用角度来考虑，更加合理。在图论法中，$X = [8.49\ 8.66\ 6.32\ 8.22\ 10.95\ 4.24\ 4.58]$，$Y = [5.66\ 5.77\ 15.81\ 5.48\ 18.26\ 2.83\ 15.28]$；$X$ 和 Y 分别代表各功能区的长和宽，所以根据图 6-4，得出占地面积为 $732.92 \times 10^4 m^2$。而从图 6-6 中可以看出，遗传算法得出的布局区域需占用面积为 $600 \times 10^4 m^2$。从此角度来看，遗传算法节省了 $132.92 \times 10^4 m^2$ 的用地。

从作业的流畅程度来讲，结合图 6-3，在图论法中，物流分拨区和保税区、临港加工区相邻，在遗传算法布局中，物流是在保税区、储运区和物流分拨区之间接连作业的，从而节省了时间。但是从辅助设施群的建设，在本例中即生活配套区，图论法中是与高科技信息服务区相邻，而远离临港加工区，从安全和环境角度来讲，比遗传算法中的布局更符合现实需要。但是总的来讲，遗传算法由于一种算法的优化，将客观的量化式引入，在全局范围内搜索较优解，因此，它的布局结果比较理想。

本章结合运用图论关系布局法和布局模型求解法对物流园区功能区域的布局进行了比较分析。从比较结果总体上看，遗传算法由于算法的优化，将客观的量化式引入，在全局范围内搜索较优解，因此，它的布局结果比较理想。但是，由于本书考虑的因素有限，只是从几个涉及的物流因素和非物流因素来进行判断，还缺乏其他因素例如安全因素的考虑，所以结果不能达到尽善尽美。

7 物流园区规划案例

7.1 项目介绍与需求分析

7.1.1 项目介绍

SD 港物流园项目位于山东省 SD 市。SD 市位于山东半岛东端，是我国东部重要的港口城市之一，港口发展蒸蒸日上，地理条件十分有利。区位上的优势使得 SD 市经济得到了很大的发展，经济的发展对现代物流业提出了更高的要求，而物流基础设施的完善使得在 SD 市发展现代物流产业成为可能。

SD 港物流园位于 SD 市工业新区内，处于高速公路的起点，铁路干线贯穿园区，毗邻 202、302 省道，距离国际机场约 20km，距离 SD 新港 18km，构成了四通八达的立体路网系统。

在地理区位方面，SD 市处于我国山东省最东端，东北亚经济圈的核心位置。在经济区位方面，SD 市是环渤海经济圈的主要组成城市之一。以 SD 市为中心，向西辐射范围可达山东省内陆地区，并可向西北方延伸至京津地区，向西南可延伸至江苏地区，向北可通过海路延伸至大连、辽东半岛地区；向东可通过海路延伸至韩国、日本；在交通区位方面，目前 SD 市已建成四通八达的高速公路及铁路干线，同时也拥有多条海上航线，可通往山东省内各个地区以及济南、北京、天津、大连、韩国、日本等地区。SD 市的区位优势也促成了 SD 港物流园的建设。

7.1.2 需求分析

SD 市是我国海岸线最长的城市之一，港口数量多、规模大，其中以 SD 港为主。SD 港为国家一类开放港口，是区域性枢纽港，目前SD港已经突破了“直接经济腹地”狭小的局限，采用招商引资等各种措施将经济腹地延伸到整个胶东半岛，这些都为港口物流的发展创造了巨大的市场空间。

作为港口城市，SD市又具有进行对外贸易的先天优势。进出口贸易一直是SD市的支柱产业之一，进出口业务每年为SD市经济带来巨大的收益，近些年来，进出口货物总和快速增长，本地外贸加工企业和进驻SD市的外商独资、外商投资和中外合资企业数目增多，规模增大，尤其是在对韩贸易方面更加突出。2009年SD市进出口总值达到827172万美元，因而对外贸易也将会为物流园带来巨大的收益。

SD市工业产业的发展迅速，各类工业产品的产量翻番增长，工业生产总值成倍增长，工业的快速增长为工业物流的发展和工商业制品的销售提供了巨大的市场空间。

SD市近些年房地产业得到了很大的发展，房屋的施工面积逐年增加，建材、钢材的需求量也不断增加，需求量的增加必然会刺激建材、钢材等生产资料物流的发展；同时，随着建筑房屋的增多，对于家具等各类装饰材料的需求量也将进一步增大，对于家装材料的销售和物流市场的发展也具有极大的促进作用。

作为港口城市，渔业历来是SD市的重要产业。SD市水产品种类多，质量优，各类水产品产量都很大，这些都为水产品物流和销售的发展提供了很大的发展空间。

SD市人民生活富裕，汽车类商品销售旺盛，每百人汽车拥有量增大。汽车销售市场的增大会带动汽配市场的发展，这就给汽车以及汽配销售带来了巨大的市场空间。

经济发展促进物流需求的扩大，同时物流业发展对经济的拉动作用也很明显。在SD市政府大力发展经济的良好背景下，应采取积极措施加快物流业发展，这些给SD港物流园的发展提供了机遇。SD港物流园应该以此为契机，加快自身的发展，同时也为推动SD市的经济发展贡献力量。

7.2 SD港物流园战略规划

7.2.1 发展战略与发展目标

7.2.1.1 基本思路

SD港物流园的发展思路为:

(1) 坚持“政府引导、统一规划、分期实施、滚动开发”的发展原则，以第三方物流为基础，以商贸物流为依托，以国际物流为特色，以保税交易为连接，努力打造国际一流物流园。

(2) SD港具有发展物流的独特区位优势。SD港位于山东半岛东北海滨，北与辽东半岛旅顺口共扼渤海咽喉，经济与东二省老工业区相连，东与韩国仁川港隔海相望，是我国北方重要的天然良港，依托“三北”面向东北亚，是山东省辐射华北、华东地区、连接海内外的重要枢纽。

(3) SD港物流园的发展是一个全局性的工作，要为SD市对外开放、发展外向型经济和临海工业、旅游业这些经济发展项目服务，为发展山东半岛与辽东半岛之间客货滚装运输服务，为港口腹地贸易服务，通过物流带动商业发展。因此，要重点为临港产业（如加工制造业、保税业务等）和贸易做好服务，为山东和华北、华东地区做好服务。

(4) 构筑产业链集聚型物流中心，为社会提供展示、商务、采购、加工、办公等全方位的物流服务。

7.2.1.2 发展战略

SD港物流园的发展战略为：以SD市现代物流发展政策及SD港的发展规划为指导，依托优越的区位优势和交通条件，以市场需求为导向，以物流园的开发建设和招商引资为主体，构建国际化、规范化、规模化、网络化、系统化的国际物流中心。通过物流园的运营、物流企业的集聚和辐射，通过现代物流设施平台和信息网络平台的构建，向国内外企业提供包括展示、交易、仓储、运输、通关、商检、包装、流通加工、信息等全方位的物流服务。

7.2.1.3 物流发展目标

SD港物流园的发展目标：通过各类物流、商贸企业的聚集，打造中国知名的物流中心，力争在7年内将其建设成为规划科学、功能完善、技术先进、运转高效、管理规范的服务SD港及周边地区、面向东北亚地区、辐射全国并衔接国内外的国际一流物流园。

7.2.2 SD港物流园定位

7.2.2.1 功能定位

SD港物流园拟建设成为以信息技术为核心，以“物流第一需求”的仓库群为载体，以集装箱技术、运输技术、配送技术、装卸搬运技术、自动化仓储技术、库存控制技术、包装技术等专业技术为支撑的现代化国际物流园。园区功能完善，主要功能及服务如下：

（1）仓储、配送功能。以生产支持仓库的形式，设置现代化的仓储功能，为入驻园区的企业提供稳定的零部件和材料供给，降低其物流成本。物流园还应具有终端配送功能，为入驻园区的客户和项目提供所需的短途和长途配送业务，还可向城市配送中心、工商企业营销网点和生产线提供配送服务。

（2）国际采购功能。园区可提供国际国内企业的展示交易中心、采购信息咨询和交流平台，还可提供采购原料的仓储、配送服务。在完全掌握价格信息的基础上达到降低企业采购成本和物流成本的目的，以此提高采购企业产品的市场竞争力。

（3）集货中转功能。物流园可根据港口的需求进行集货和暂存，完成从承运人或货主仓库到港口的对接和缓冲，也可直接衔接港口运输与公路或铁路、航空运输，通过中转，将本地运往其他地区的货物集零为整组织发运，将其他地区进入本地的部分货物化整为零组织运转，完成货物的集散作业，这不仅满足了 SD 市生产的货物运输，也能完成东北亚、环渤海湾的货物中转运输。

（4）国际物流口岸功能。设置海关、卫检、动植物检疫检验机构，为生产、加工基地或者最终销售市场的制造商、分销商提供进出口报关、商品检验、储存、保管、国际国内运输、加工、货代等一体化的国际物流服务。

（5）保税物流功能。园区在审批成为保税物流园后，将吸引物流企业和加工制造企业进驻，为当地及周边企业的进境货物提供进出口通关服务、保税仓储、进料加工、复运出境和办理正式进口手续等保税物流服务，并通过在园区设立海关出口监管仓库，完成出口货物的拼箱、集装、起装、货物检查等服务。另外，由于文件或批文不齐、海关或商检不合格、当天来不及报关的进口货物都可存放至监管仓库。

（6）商品贸易功能。物流园将建立木材交易中心、建材和服装批发交易市场、生产资料交易市场，通过招商吸引经销企业入驻，进行木材、建材、生产资料等特色产品的现货交易。

（7）配套服务功能。提供流通加工服务，包括商品的包装整理、加固、换装、组装、条形码印制、拴贴标签等等。通过流通加工，提高物流对象的附加价值。通过物流信息系统完成物流状态查询、物流过程跟踪、物流要素信息记录与分析、物流客户关系管理、物流决策支持以及方便报关、结算、利税等单据处理。

（8）办公生活功能。园区为入驻企业提供办公大楼，并建立星级酒店，提供集娱乐、餐饮、住宿、洗浴为一体的优质服务，建立多幢住宅楼可租售给入驻企业员工或物流园周边群众。

7.2.2.2 服务范围

（1）市场辐射范围。包括全国以及与 SD 港通航的国家和地区，包括：

1）通过陆路运输可以覆盖整个山东半岛，延伸至江苏、京津地区；

2）国内海上运输可达大连、秦皇岛、天津、烟台、青岛、上海、香港等环渤海、黄海经济发展良好的城市；

3）国外海运航线可达日本、朝鲜、韩国等东北亚地区。

（2）服务行业范围：

1）钢材水泥等建材类生产资料的物流服务；

2）国际原材料采购价格咨询、交流服务；

3）家居装饰、服装等内外运的物流服务；

4）工业企业物流、商业消费品市场的物流以及对外贸易的物流服务。

7.2.3 SD港物流园总体框架

根据SD港物流园的总体定位和功能规划，可将其总体框架概括为“一个物流园、八大功能区域、四大基础平台”，如图7-1所示。

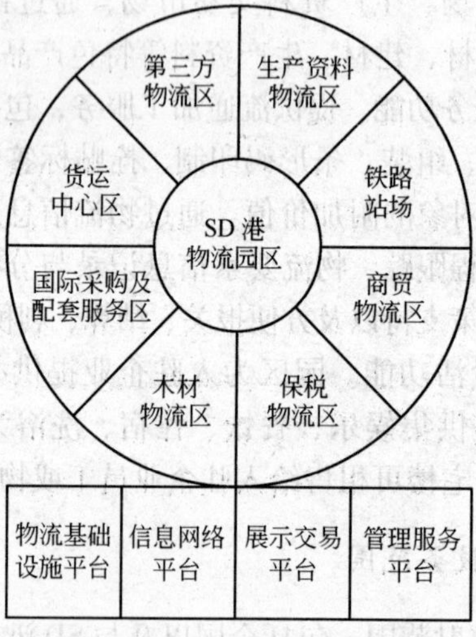

图7-1 SD港物流园总体框架

（1）一个物流园：SD港物流园。

（2）八大功能区域包括：

第三方物流区：拥有自己的运输工具和库房，为生产经营企业提供仓储、配送服务，并提供人力和先进的物流管理系统，专业管理物流全过程。

货运中心区：建有货物配载中心，发布货运信息，并为长途货运司机提供停车加油及休息的场所。

国际采购及配套服务区：为商务企业提供物流产品展示平台及采购价格信息的咨询场所，并提供酒店服务、物业管理等配套服务设施。

木材物流区：通过建立木材营业楼、加工厂房以及木材堆场开展各类木材的销售业务。

保税物流区：通过保税区的建立，为客户提供保税储存、保税监管、查验等服务，实现“境内关外”的运作方式，并在此区域内提供保税加工场所。

商贸物流区：建立大型交易市场为装修建材、服装、日用品及精品批发等提供场所，并提供相应仓储设施。

铁路站场：为通过铁路托运的整零货物提供承运、装卸、保管与交付服务。

生产资料物流区：建立钢材及其他生产资料堆场及专营市场，提供生产资料的储存场所和大宗交易场所。

（3）四大基础平台：

物流基础设施平台：包括物流中心的基本建设如九通一平、仓库站场，与高速公路、城市环路、国道主干线、铁路、机场等相连的道路等，这是进行物流运营和吸引企业入驻经营的基本条件。

信息网络平台：主要指宽带传输网络的建设以及物流业务运作、电子口岸、工商税务行政管理、行业信息服务、安全监控系统等信息化业务运作系统的建设，实现“大通关”的一体化信息平台，使园区内物流企业真正实现资源共享，增强竞争能力。信息基础网络平台是现代化物流园区的标志。

展示交易平台：展示交易平台的建设可以使物流中心实现“以商流带动物流，以物流促进商流”的发展思路。

管理服务平台：建立高效的管理体系以及符合市场需求的运营机制，以保证园区业务的高效运营；建设全方位行政服务如联检、工商、税务等，完善多角度支撑系统如空港、金融、保险、通信等；为入驻企业提供良好的服务体系和设施，如完善规范的园区管理服务制度、高素质的管理队伍、全面配套的服务设施等。良好的管理服务平台是园区高效运营、保持良性循环的必要条件。

为保障八大区域服务功能的开展，需加快四大平台的建设，从而为木材、生产资料等的经销提供全方位一体化的物流服务。

7.3 SD港物流园平面布局规划

7.3.1 布局原则与思路

7.3.1.1 规划原则与依据

SD港物流园规划的基本思想是，突出区位和交通优势，注重相关业务协作，确保作业流程通畅，投资合理，兼顾绿化美化，规划建设物流中心。

（1）结合拟建场地自然状况、场区内已修道路和周边公路、铁路等交通条件，综合布置场区道路，做到重点突出、主次分明，保证货物进出物流中心畅通、快捷、灵活、方便安全。库区内外避免往返运输和作业线交叉，避免人流、货流交叉。

（2）科学合理地布置物流园各功能分区，各功能区既相对独立又有机结合，达到功能互补。保证有良好的生产联系和工作环境，各种动力设施要尽量靠近负荷中心，以缩短管线，节约能源。

（3）结合场地地形、地质、地貌等条件，因地制宜布置各种建筑物，构建畅通的库内交通环境，以适应多车位、大流量的作业要求，做到库内库房可同时作业，包、散、接、发互不干扰，满足大型车辆作业自如和泊车的需求。

7.3.1.2 规划原则

（1）遵循国家经济建设方针，以技术先进、经济适用、符合国情、着眼发展为原则，充分考虑生产设施以及辅助和服务设施完善配套，选择功能灵活、投资节省的建筑形式，尽量做到功能的完善统一，努力实现生产设施现代化、标准化、系统化，争取较好的经济效益和社会效益。

（2）因地制宜、统筹兼顾。形成有利于实现可持续发展的布局结构、功能分区和用地安排，留有弹性和兼容性，合理紧凑，体现土地的综合价值，符合环保、消防、安全、工艺作业顺畅等要求，为储备库动态发展创造拓展空间。

（3）高水平建设，高基准起步。以物流组织网络化、物流服务个性化、物流管理标准化为原则建设物流园。用现代化信息传递和处理技术将物流全过程各环节连接成统一网络，保证物流以最快速、最大收益、最低成本赢得市场；根据客户需要，建立相适应的物流体系；管理制度化、标准化、统一化，保证物流各环节服务质量的一致、高效和规范。

（4）遵循可操作性原则。使用功能相近的建筑合并设计，设施资源尽量共享。

（5）遵循绿化、美化原则。注重空间组织及环境绿化布置，通过有效的规划布置，塑造具有时代风貌和鲜明个性的库容、库貌，体现现代文明的工作环境和人文环境。

7.3.1.3 规划依据

（1）SD 市城市总体规划图（2009 ~2020 年）。

（2）SD 市近期城市建设规划。

（3）SD 市公路货运枢纽规划。

（4）SD 港物流园平面测量结果。

（5）SD 港国际物流园项目启动方案的报告。

7.3.1.4 总体布局思路

物流中心的布局总体上必须满足易于管理、能提高物流效益、对作业量的变化和商品形态变化能灵活适应等要求，要具有与装卸、搬运、加工、保管、运输等作业活动完全适应的性质与功能。应注意减少或消除不必要的作业流程，以提高物流中心生产率与减少消耗。物流中心作业地点的设计，实质上就是人、机械设备和环境的综合设计，因此，要运用系统分析的方法，全面科学地考虑各种因素，建设成为一个设施完备、功能齐全、服务优质的物流中心。

总平面布置应根据 SD 港物流园各功能区域的操作流程、内外交通运输等情况，结合场地的自然条件、生产功能与要求以及行业、专业的设计规范进行安排，以达到工艺流程顺畅、各种物料的流送线路最短、货流人流分道、生产调度方便，并考虑用地少、施工费用节约等要求。总平面布置还应考虑今后发展的方向、与外界的交通联系线路等外部因素的合理安排，充分注重布局方案的柔性，以及保障随着市场的变化调整方案的投资效果。

7.3.2 功能区域规划

SD 港物流园主要由第三方物流区、货运中心区、国际采购及配套服务区、木材物流区、保税物流区、商贸物流区、铁路站场和生产资料物流区八大功能区组成，整体规划设计方案及各功能区布置如图 7-2 所示。

根据市场需求分析和预测，确定各功能区的规模及面积。各功能区的主要功能和占地规模如表 7-1 所示。

图 7-2　SD 港物流园各功能区布置图

表 7-1　SD 港物流园各功能区区域划分和占地规模

序号	区　域	功　能	占地面积/m^2
A	第三方物流区	提供仓储、配送服务，管理物流全过程	229797
B	货运中心区	货运汽车配载换载、信息发布、停车休息	76067
C	国际采购及配套服务区	提供国际、国内原材料展示交易平台，并提供仓储、配送服务	191179
D	木材物流区	各类木材的加工与销售	215325
E	保税物流区	保税储存、保税监管、查验等，并提供保税加工场所	222239

续表 7-1

序号	区　域	功　能	占地面积/m²
F	商贸物流区	家具建材交易，服装类产品交易，商品配送	205970
G	铁路站场	铁路货运的承运、装卸、保管与交付	209810
H	生产资料物流区	钢材交易，生产资料交易及储存	203678
建筑基底面积/m²		357178	
建筑密度/%		21.8	
容积率		0.41	
绿地率/%		18	
总用地面积/m²		1794100（约 2700 亩）	
总建筑面积/m²		564710	

7.3.2.1　第三方物流区

第三方物流区主要是建设仓库及停车、作业场地，布置方案图如图 7-3 所示，设施明细如表 7-2 所示。

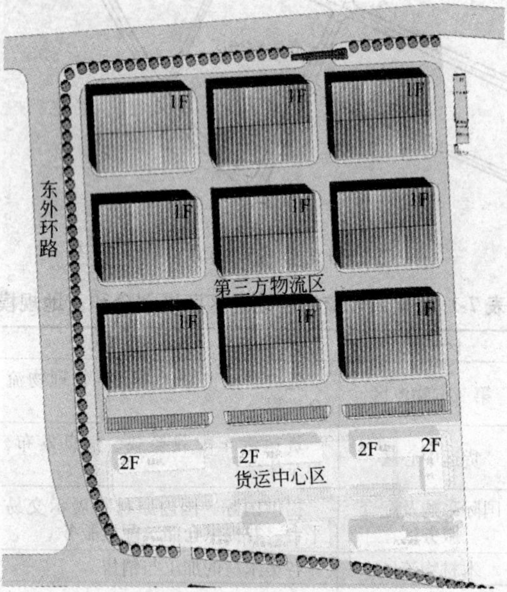

图 7-3　第三方物流区布置方案

表 7-2 第三方物流区设施明细表

编 号	名 称	占地面积/m^2	建筑面积/m^2	建筑结构	层 数
1	仓 库	108000	108000	轻钢	1
2	停车场地	6851	6851		
3	作业场地	20552	20552		

第三方物流区的仓库主要为需要提供物流服务的企业统一组织仓储、配送服务，实现运输、仓储、装卸、搬运、包装、物流信息处理等专业化运作，以提高企业的物流效率，降低其物流成本。

7.3.2.2 货运中心区

货运中心区建有货物配载中心和货运信息发布中心，以及停车、作业、休息的场所，布置方案如图 7-4 所示，设施明细

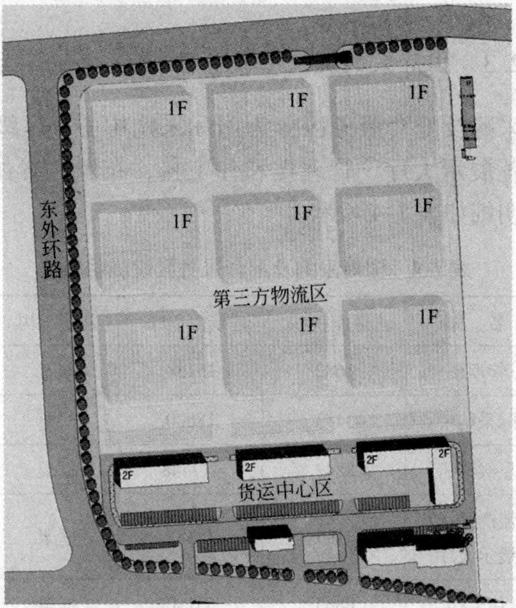

图 7-4 货运中心区布置方案

如表 7-3 所示。

表 7-3　货运中心区设施明细表

编 号	名 称	占地面积/m^2	建筑面积/m^2	建筑结构	层 数
1	配载中心	7344	14688	框架	2
2	信息中心	1680	3360	框架	2
3	汽车旅馆	2659	10636	框架	4
4	停车场地	5709	5709		
5	作业场地	6100	6100		

配载中心是货运汽车装载货物的场地；信息中心是货运汽车装载货物的信息管理中心；汽车旅馆是货运汽车司机休息住宿的场所；停车场地主要是给途经物流园的货运汽车提供停靠场地；作业场地是供货运中心区工作人员为叉车充电等作业的场地。

7.3.2.3　国际采购及配套服务区

国际采购及配套服务区分为国际采购中心、星级酒店、物流产品推荐展示大厅、管理楼和住宅楼，布置方案如图 7-5 所示，设施明细如表 7-4 所示。

表 7-4　国际采购及配套服务区设施明细表

编 号	名 称	占地面积/m^2	建筑面积/m^2	建筑结构	层 数
1	管理楼	1682	15138	框架	9
2	国际采购中心	3413	18600	框架	9
3	星级酒店	8842	117748	框架	23
4	物流产品推荐展示大厅	4199	12582	框架	3
5	住宅楼	8865	53190	框架	6
6	停车场地	23637	23637		

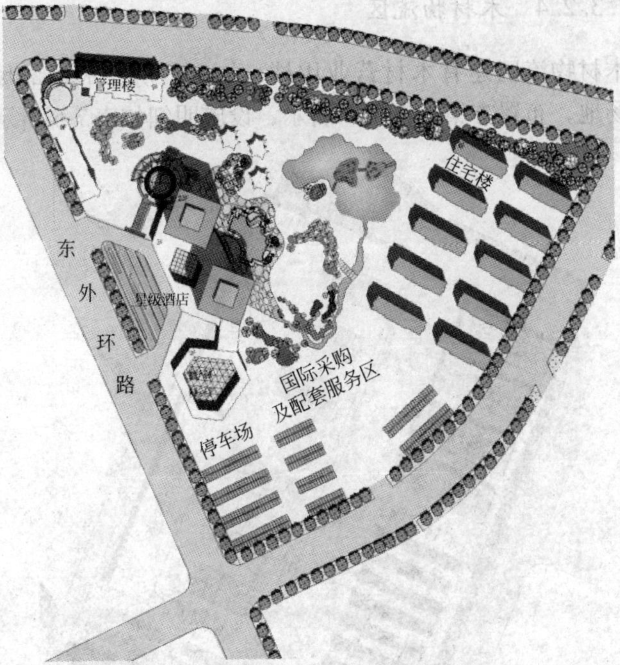

图 7-5 国际采购及配套服务区布置方案

国际采购中心是采购区的核心，是国际采购信息咨询、交流中心，为我国的进口企业提供丰富的国际供应商信息，为出口企业提供最有价值的买家信息。

星级酒店主要面向来园区办理业务的人员，提供包括餐饮、住宿、休闲娱乐等服务。

物流产品推荐展示大厅为客户展示所有物流产品，以推荐销售。

管理楼为园区管理服务中心所属，主要有园区内招商企业的办公设施，是物流园的管理中心，也是物流园员工工作的场所。管理服务中心综合管理园区各区域，并提供各种便民服务，如邮局、银行等。

住宅楼是园区职工的生活中心，提供宿舍、食堂等设施。

7.3.2.4 木材物流区

木材物流区建有木材营业用楼、加工厂房、木材堆场以及停车场地，布置方案如图 7-6 所示，设施明细如表 7-5 所示。

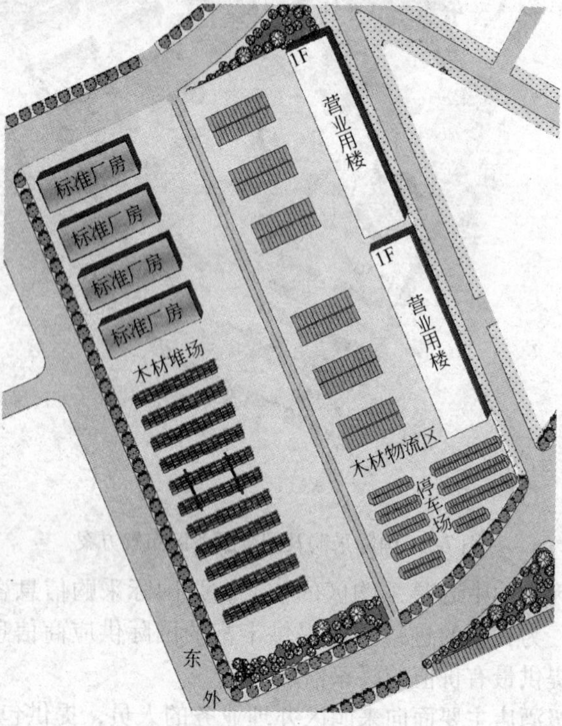

图 7-6 木材物流区布置方案

表 7-5 木材物流区设施明细

编号	名称	占地面积/m²	建筑面积/m²	建筑结构	层数
1	营业用楼	18000	18000	框架	1
2	标准厂房	14000	14000	轻钢	1
3	木材堆场	28734			
4	停车场地	30000			

营业用楼是木材的销售区域，设有交易场所，供商家与客户洽谈业务；标准厂房是为满足客户需求进行木材加工的场所；木材堆场用来储放各类木材，以供销售；停车场地是供停放运送木材的货车以及商家与客户的代步用车。

7.3.2.5　保税物流区

保税物流区分为1个海关联检大楼、2个保税仓库、2个海关监管库和一些标准厂房，主要为办理货物的进出口手续，及负责管理暂存手续已经办理完毕的进出口货物。保税物流区布置方案如图7-7所示，设施明细如表7-6所示。

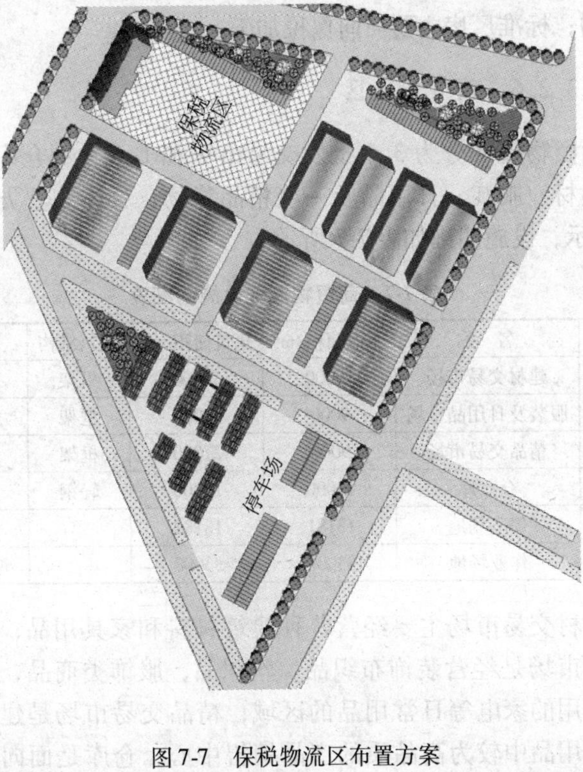

图7-7　保税物流区布置方案

表 7-6 保税物流区设施明细表

编 号	名 称	占地面积/m^2	建筑面积/m^2	建筑结构	层 数
1	海关联检大楼	1682	15141	框架	9
2	保税仓库	12000	12000	轻钢	1
3	海关监管仓库	12000	12000	轻钢	1
4	标准厂房	14000	14000	轻钢	1
5	集装箱堆场	20245	20245		
6	停车场地	22164	22164		
7	作业场地	9180	9180		

海关联检大楼主要供海关人员为园区及周边需要进出口货物的企业办理商检、通关业务；保税仓库专门存放经园区内海关核准的保税货物；海关监管库用于存放接受海关监管的进出境货物；标准厂房主要面向保税加工。

7.3.2.6 商贸物流区

商贸物流区分为 3 个批发交易市场和 1 个大型仓库，主要经营建材、服装、日用品及一些精品货物，具体布置方案如图 7-8 所示，设施明细如表 7-7 所示。

表 7-7 商贸物流区设施明细表

编 号	名 称	占地面积/m^2	建筑面积/m^2	建筑结构	层 数
1	建材交易市场	10000	30000	框架	3
2	服装及日用品市场	9000	27000	框架	3
3	精品交易市场	9000	27000	框架	3
4	仓 库	19000	19000	轻钢	1
5	停车场地	18181	18181		
6	作业场地	33000	33000		

建材交易市场主要经营各种建筑材料和家具用品；服装及日用品市场是经营装饰布织品、丝织品，服饰类商品，及居民生活使用的家电等日常用品的区域；精品交易市场是建筑材料和家具用品中较为高品质的产品销售中心；仓库是面向 3 大交

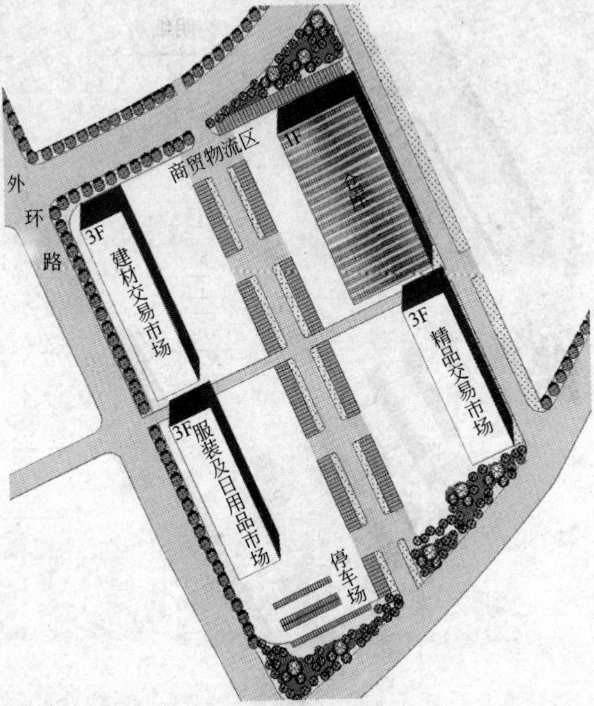

图 7-8 商贸物流区布置方案

易市场的商户，供其堆放库存。

7.3.2.7 铁路站场

铁路站场分为标准库房、货物堆场和停车场地。铁路站场具体的布置方案如图 7-9 所示，设施明细如表 7-8 所示。

表 7-8 铁路站场设施明细表

编 号	设施名称	占地面积/m²	建筑面积/m²	建筑结构	层 数
1	标准库房	8100	8100	轻钢	1
2	货物堆场	27677			
4	停车场地	21518			

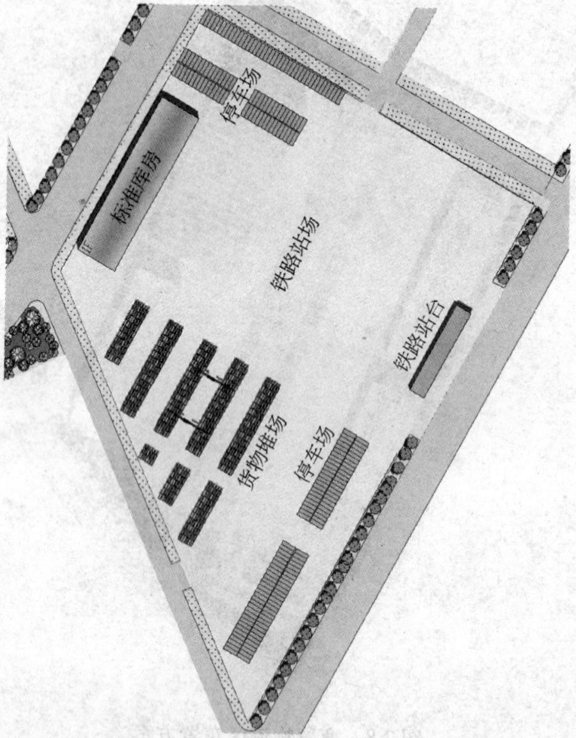

图 7-9　铁路站场布置方案

标准库房用于存放铁路托运货物，以备交付；货物堆场是露天存放托运货物的场所，便于装卸；停车场地用于停放运送货物的车辆以及装卸机械车辆。

7.3.2.8　生产资料物流区

生产资料物流区分营业楼、钢材堆场和生产资料堆场，该区域主要是各种钢材和木材等生产资料的储存场所和进行大宗交易的场所，具体的布置方案如图 7-10 所示，设施明细如表 7-9 所示。

图 7-10 生产资料物流区布置方案

表 7-9 生产资料物流区设施明细表

编号	名称	占地面积/m^2	建筑面积/m^2	建筑结构	层数
1	营业厅	6750	13500	框架	2
2	生产资料堆场	10089	10089		
3	钢材堆场	26407	26407		
4	停车场地	30420	30420		
5	作业场地	23419	23419		

营业厅可作为钢材经销商或生产厂商的办公地点，用来进行钢材的交易，办理相关手续等；钢材堆场和生产资料堆场主要用来露天存放大量的钢材及其他生产资料。

7.3.3 各主要设施建设规模

SD 港物流园各主要功能区面积及比例见表 7-10 和图 7-11。

表 7-10 SD 港物流园各主要功能区占地面积

功能区	占地面积/m^2	所占比例/%
第三方物流区	229797	14.79
货运中心区	76067	4.89
国际采购及配套服务区	191179	12.30
木材物流区	215325	13.86
保税物流区	222239	14.30
商贸物流区	205970	13.25
铁路站场	209810	13.50
生产资料物流区	203678	13.11
合　计	1554065	100

注：各功能区占地面积包括建筑用地、周围空地、通路和绿地面积。

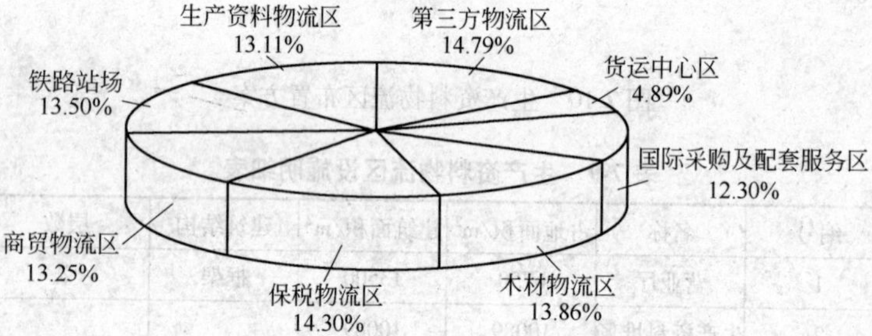

图 7-11 SD 港物流园各功能区域占地面积比例

7.3.4 交通组织

SD 港物流园周围交通便利，便于货物的进出。园区内外部道路设置根据物流园各功能区的相互关系和实际需求，突出简单、方便、快捷的设计特点。物流园内部道路设计如表 7-11 所示。

表 7-11 物流园内部道路设计

道　路	宽度/m	说　明
主干道	40	南北向贯穿园区
次干道	20	连接各功能区

园区道路设置应满足以下需求：

(1) 满足园区物流通路；

(2) 满足各功能区运力；

(3) 满足园区生活环境保护；

(4) 满足人车分流。

此外，为照顾人流，在各种道路的两边都设有人行道，各功能区周围也设有宽阔的广场以便人流通过。

总之，物流园道路设计尽最大可能满足货运物流和人流的需求，并方便快捷地联系各功能区。

7.4 SD 港物流园的开发与经营系统规划

7.4.1 SD 港物流园核心业务

SD 港物流园的核心业务包括第三方物流服务、地产租赁、货运、保税物流和物业服务等。

7.4.1.1 第三方物流业务

基于合同的方式与一些大公司建立服务关系，为其提供包括商品运输、储存配送、订货履行、自动补货产品组配、进出口代理在内的物流服务，使受服务公司有效降低经营成本以及库存成本等。

7.4.1.2 地产租赁业务

SD 港物流园将建立包括建材、家具用品市场和服装、装饰布艺品市场在内的综合性多元化商贸物流中心。商贸物流中心区域未来计划通过建立的物业公司将商业店铺、仓库等设施租赁给相关的生产或经销企业。

国际采购区的采购大厦、产品展示中心，木材物流区和保税物流区的标准厂房，生产资料物流区的钢材市场和木材物流区的营业楼也计划采用租赁方式经营。

7.4.1.3 货运业务

物流园内的商贸型功能区在完成产品交易后都需要提供配套的装卸、配送服务，可建立货运公司针对园区内的商户、客户，提供物料仓储、保管、配送和大型物品装卸货等物流服务。

7.4.1.4 保税物流业务

根据园区保税功能区优势，自主经营保税库和海关监管库。

7.4.1.5 其他业务

加油站业务、停车业务、酒店和旅馆业务。

7.4.2 SD 港物流园的开发模式

7.4.2.1 开发模式

SD 港物流园属于完全企业投资型物流园，由大型交通运输企业 SD 港集团发起，因此可独立完成或通过招商引资共同开发和建设。开发过程中通过借鉴国内外物流园的成功经验，引入现代物流的经营理念和信息技术，根据物流市场的需求，整合相关资源，搭建高水平的基础平台，同时通过自营物流的运营，创造良好的物流运营环境，培育物流市场，促进物流园的地产增值，进而通过招商引资等各种手段吸引社会商贸流通企业、零配件供应企业、运输及仓储服务企业、专业化物流企业入驻，共同繁荣物流园市场，创建一流的港口物流园，向社会提供系列化、全方位的物流服务。

SD 港物流园的运营模式可概括为：统筹规划和建设，自主运营和入驻企业经营相结合。具体内容如下：

（1）统筹规划：由 SD 港设立物流发展公司，负责统筹规划与管理协调，在统筹考虑 SD 港发展规划和交通干线分布的基础上，通过对 SD 市及周边地区的物流需求分析，并结合 SD 港物流园的特点，确定物流园的功能定位、空间布局、用地规模和未来发展等。

（2）建设模式：由 SD 国际物流园发展有限公司负责园区的土地开发和基础设施、物流设施建设，由港口自主投资进行自营物流区的建设与运营管理，并通过招商引资等各种手段吸引各类物流企业入驻。SD 港物流园的规划、资金的筹措、土地的征用和基础设施的建设等工作，需要与 SD 市各级规划部门、土地部门、交通部门，以及公用事业部门、环保部门进行密切合作和统筹安排。

（3）经营方式：物流园的经营由 SD 国际物流园发展有限公司自主经营与入驻企业经营相结合。

7.4.2.2 经营模式

SD 港物流园应遵循市场经济方针，尊重价值规律这只“无形的手”对经济运行的调节作用，同时重视宏观计划在经济发展中的指导作用，采用最适合物流园经济发展的经营模式。物流园建设主要采用自主经营，并充分联合、利用社会各方资源，考虑到有保税物流区的存在，还需海关和质检等政府部门的参与。具体包括：

（1）自主经营：鉴于 SD 港物流园的定位和政府在规划建设过程中的重要作用，为了能够迅速推动物流园的成长，打造区域性国际物流中心，物流园主要采取自主经营的模式。按照现代企业制度成立项目开发公司，项目开发公司根据物流园内各功能区的不同要求组建不同的公司进行经营，组建专业的第三方物流公司自主经营仓储、配送业务；由海关部门监管、自主建立保税物流公司，由海关负责查检进出口货物，进行通关报关业务，管理保税仓库和海关监管库；保税物流公司负责经营保税区的商品进出和仓储业务，取得利润收入；组建物业公司招商入驻物流园，并管理园区内设施、仓库和通用厂房的租赁业务及日常生活所需，为各功能区协调健康发展提供便利；组建货运公司，为物流园内的产品交易提供包括装卸、配送在内的物流服务。

(2) 设施出租：商贸物流区的大部分设施和其他功能区的部分设施采用设施出租方式经营。计划成立物业公司，负责出租部分的招商、宣传、物业服务和信息服务等。

7.4.3 SD港物流园的赢利模式

以SD国际物流园发展有限公司为主体，采取多种经营模式，创造多种赢利模式。

7.4.3.1 物流服务收入

依靠港口优势，综合多种运输方式，经营多元化的产品装卸、仓储、保管、中转分拨、运输和配送业务，收取相应物流费用。

7.4.3.2 物业租赁和管理收入

SD港物流园通过物流设施和交易设施的开发，吸引货主企业、商贸企业和个人以租赁的方式开展经营，物流园通过设施出租获取收益。

为入驻企业提供全方位的物业服务，是开发公司的一项重要业务内容。通过成立专业化物业管理公司，为企业提供包括环境卫生、安全保卫、维护修缮等在内的一体化的服务并收取相应的物业管理费。

7.4.3.3 信息费用

货运中心区信息平台可为货运公司提供相应货运需求信息，

从中收取一定的费用。

7.4.3.4　其他收入

国际采购与配套服务区住宅楼出售收入，园区内加油站营业收入和停车场营业收入。

通过上述服务经营内容，开发公司获取利润。

本章以SD港物流园的规划为例，详细介绍了该园区的市场需求和市场定位，提出了SD港物流园的战略目标和战略规划，并阐述了园区的平面布局规划，描述了第三方物流区、货运中心区、木材物流区、铁路站场区、配套服务区等各个区域的设施设置规模和平面布置，最后对园区的开发建设模式和经营模式进行了分析。

参 考 文 献

[1] 陈秀山，张可云．区域经济理论[M]．北京：商务印书馆，2003.

[2] 吴殿廷．区域经济学[M]．北京：科学出版社，2003.

[3] 董千里，等．区域物流理论在我国应用的研究[J]．重庆交通学院学报，1998(2)：74～80.

[4] 谭清美，葛云．区域物流投资弹性研究[J]．河海大学学报（自科版），2004(1)：117～118.

[5] 肖卓．云南面向东南亚、南亚区域物流系统优化研究[D]．湖南大学博士学位论文，2007.

[6] 平海．谈谈区域物流发展与规划[J]．中国物流与采购，2008(5)：23～38.

[7] Mark Goh，Argus Ang. Some Logistics Realities in Indochina[J]. International Journal of Physical Distribution & Logistics Management，2007，30(10)：23～30.

[8] Taniguchi E，Thompson R G，Tadashi Yamada，van Duin J H R. City Logistics：Network Modelling and Intelligent Transport Systems[M]. Pergamon，Oxford，2001.

[9] Thurston，Charles W FTZs. Gateways to Latin America[J]. Distribution，1996，95(13)：44～45.

[10] Donald J Bowersox etc. Making Supply Chain Integration a Reality，Oak Brook，IL：Council of Logistics Management[J]. 21st Century Logistics，2008(10)：12～31.

[11] Panos Kouvelis，Meir J Rosenblatt. A Mathematical Programming Model to Global Plant Location Problems：Analysis and Insights[C]. IIE Transactions，2003：231～240.

[12] 丁俊发．大力发展现代物流业[N]．经济日报，2006-04-20.

[13] 颜鹏飞，孙波．经济增长极的定位和区域经济发展[J]．管理现代化，2003(3)：36～38.

[14] 颜鹏飞，邵秋芬．经济增长极理论研究[J]．财经理论与实践，2001(2)：2～6.

[15] 弗朗索瓦·佩鲁．增长极概念[M]．北京：中国人民大学出版社，1988.

[16] 颜鹏飞．经济增长极理论的演变和最新进展[J]．福建论坛（人文社会科学版)，2003：32～48.

[17] 林元旦．区域经济非均衡发展理论及创新[J]．中国行政管理，2008(6)：78～84.

[18] Williamson J G. Regional in Equalities and the Proeess of National Development[J]. Economic Development and Cultural Change，1995(13)：5～17.

[19] Friedman J. Regional Development Policy：a Case Study of Venezuela [M]. Cam-

bridge Mass and London Cambridge: MIT Press, 1996: 45~49.

[20] 艾德加·胡佛. 区域经济学导论[M]. 北京: 商务印书馆, 1990: 114~115.

[21] 陆玉麒. 区域发展中的空间结构研究[M]. 南京: 南京师范大学出版社, 1998: 14~56.

[22] Matin R, Sunley P, Paul Krugman. Geographical Economics and Its Implications for Regional Development Theory: A Critical Assessment [J]. Economic Geography, 1996(12): 15~72.

[23] 吴勤堂. 产业集群与区域经济发展耦合机理分析[J]. 管理世界, 2004(2): 32~36.

[24] 张宏伟. 产业集群研究的新进展[J]. 经济理论与经济管理, 2008(4): 35~38.

[25] 魏守华, 王缉慈, 赵雅沁. 产业集群: 新型区域经济发展理论[J]. 经济经纬, 2008(2): 34~39.

[26] 沈正平, 刘海军, 蒋涛. 产业集群与区域经济发展探究[J]. 中国软科学, 2004(2): 12~18.

[27] 董维忠. 物流系统规划与设计[M]. 北京: 电子工业出版社, 2006.

[28] 刘明菲. 区域物流与区域经济互动作用机理分析[J]. 工业技术经济, 2007(3): 40~42.

[29] 张文杰. 区域经济发展与物流[J]. 物流技术, 2002(3): 34~39.

[30] 李文顺, 刘伟, 周宏. 1952~2002 年中国物流增量和 GDP 增量的协整分析[J]. 中国软科学, 2004(12): 45~52.

[31] 鞠颂东, 徐杰. 云南省物流体系构建对提高区域国际竞争力的作用[C]. 中国经济现代化战略——第三期中国现代化研究论坛论文集, 2005: 123~131.

[32] 李力, 杨柳. 物流产业与国民经济之间关系的实证研究[J]. 武汉理工大学学报 (信息与管理工程版), 2006, 28(6): 15~118, 123.

[33] 潘瑞玉. 浙江省现代物流体系及对策研究[D]. 浙江工业大学硕士学位论文, 2004.

[34] 谭清美, 冯凌云, 葛云. 物流能力对区域经济的贡献研究[J]. 现代经济探讨, 2003(8): 56~60.

[35] Coyle J J, Bardi E J, Langley C J. The Management of Business Logistics (6th Edition) [M]. West Publishing Company, 1996.

[36] Li-Hsing Shih. Reverse Logistics System Planning for Recycling Electrical Appliances and Computers in Taiwan[J]. International Journal of Production Economics, 1996, 46-47(11): 605~620.

[37] Ramani K V. Interactive Simulation Model for the Logistics Planning of Container Operations in Seaports[J]. Simulation, 1996, 66(5): 291~300.

[38] 李云清. 物流系统规划[M]. 上海：同济大学出版社，2004.
[39] 伍美琴，吴傅龙，彭寒梅. 西方区域物流规划理论对中国物流规划的启示[J]. 国外城市规划，1994(4)：14~19.
[40] 齐二石，田青，宋宁华. 物流系统规划设计方法综述[J]. 天津大学学报（社会科学版），2003(3)：225~228.
[41] 过秀成，谢实海，胡斌. 区域物流需求分析模型及其算法[J]. 东南大学学报（自然科学版），2008(2)：113~118.
[42] 陈锋. 关于建设以中心城市为依托的现代物流中心体系的思考[J]. 商品储运与养护，2009(8)：21~22.
[43] 郎丰平. 区域物流网络系统规划研究[D]. 哈尔滨工业大学硕士学位论文，2006.
[44] Tyan J C, Wang F K, Du T. Applying Collaborative Transportation Management Models in Global Third-party Logistics[J]. International Journal of Computer Integrated Manufacturing, 2003, 16(4): 283~291.
[45] Shen Zuzhi. Research of Decision Support Technique in Logistics System Planning [C]. The 4th International Conference on Material Handling & Logistics Systems, 2002: 151~154.
[46] 冯浩. 物流规划的有关问题探讨[J]. 综合运输，2002(7)：30~32.
[47] 程肖冰，张群. 区域物流需求预测方法比较分析[J]. 工业工程与管理，2008(1)：94~98.
[48] Bates J M, Granger C W J. Combination of Forecasts[J]. Operations Research Quarterly, 1969, 20(4): 451~468.
[49] Reeves G R, Lawrence K D. Combining Forecasts Given Different Types of Objectives [J]. European Journal of Operational Research, 1991, 51(1): 65~72.
[50] 唐小我. 最优组合预测方法及其应用[J]. 数理统计与管理，1992，11(1)：31~35.
[51] Fite J, Taylor G, Usher J, Roberts J. Forecasting Freight Demand Using Economic Indices [J]. International Journal of Physical Distribution & Logistics Management, 2008, 31(4): 299~315.
[52] Bahram A, Arjun C, Kambiz R. The Demand for US Air Transport Service: a Chaos and Nonlinearity Investigation [J]. Transportation Research Part E37, 2008: 337~353.
[53] Rodrigo A, Hani S. Forecasting Freight Transportation Demand with the Space-time Multinomial Probity Model[J]. Transportation Research, Part B34, 2000: 403~418.
[54] 云俊，王少梅. 物流系统的多目标预测[J]. 武汉理工大学学报，2001(6)：

243 ~ 245.

[55] 张存禄. 武汉地区物流发展水平灰色预测[J]. 工业技术经济, 2001(5): 58 ~ 60.

[56] 林桦. 物流园区的货流预测研究[J]. 武汉理工大学学报, 2002(4): 97 ~ 100.

[57] Li Rong, Li Yitian. Applied Researches of Neural Network in Flood Prediction[J]. International Journal of Sediment Research, 1999, 33(2): 122 ~ 134.

[58] 罗俊峰. 混沌与神经网络相结合的预测算法及其应用[J]. 电波科学学报, 2009(2): 7 ~ 12.

[59] Hoptield J J, Tank D W. Neural Compulation of Decisions Optimization Problems [M]. Biol. Cybern, 1985.

[60] 赵克勤. 集对方法及其初步应用[M]. 杭州: 浙江科学技术出版社, 2000: 2 ~ 15.

[61] 蒋云良, 徐从富. 集对分析理论及其应用研究进展[J]. 计算机科学, 2008 (4): 12 ~ 16.

[62] Fite Jonathan T, Taylor G Don, Usher John S. Planning of International Logistics [J]. International Journal of Physical Distribution & Logistics Management, 2007, 9 (4): 151 ~ 154.

[63] 谢卫新, 梅建. 物流节点规划[M]. 北京: 机械工业出版社, 2006: 5 ~ 7.

[64] 孙昌斌, 刘思同. 现代物流系统规划[M]. 北京: 中国水利水电出版社, 2005.

[65] 孙文霞, 魏连雨. 区域物流中心选址问题的综合分析[J]. 河北工业大学学报, 2002, 31(6): 23 ~ 26.

[66] 杨华龙, 蹇令香. 区域物流基地的选址[J]. 大连海事大学学报, 2003, 29 (1): 30 ~ 33.

[67] 林珍铭. 区域物流节点体系规划研究[D]. 辽宁师范大学硕士学位论文, 2004.

[68] 李婷. 主成分聚类分析在区域物流规划中的应用[J]. 物流科技, 2007(9): 30 ~ 33.

[69] 朱庆伟, 陈才. 东北老工业基地振兴中的物流发展研究[J]. 东北亚论坛, 2006, 2: 9 ~ 12.

[70] 张有恒. 东北经济区物流产业发展机遇与战略选择[J]. 东北大学学报, 2008 (1): 45 ~ 47.

[71] 李晓超, 严建辉. 中国区域经济统计年鉴[M]. 北京: 中国统计出版社, 2008: 9 ~ 24.

[72] 徐同, 李霞, 等. 辽宁省统计年鉴[M]. 北京: 中国统计出版社, 2008: 12 ~ 45.

[73] 丁俊发. 国际物流与振兴东北老工业基地[J]. 港口经济, 2006(9): 90 ~ 94.

[74] 赵鹏博，吴思淼，等．吉林省统计年鉴[M]．北京：中国统计出版社，2008：10~34.

[75] 苏德勤．东北经济区现代物流发展规划纲要要点[J]．商业时代，2005(10)：88~93.

[76] 汪宝玲，贺从梅，等．黑龙江省统计年鉴[M]．北京：中国统计出版社，2008：34~78.

[77] 段永军．建设东北亚区域统一物流网络的建议[J]．辽东学院学报，2006(3)：80~82.

[78] 赵瑛霞，江金星，孙宁．以国际物流的发展带动东北区域经济的发展[J]．商业研究，2005(3)：162~163.

[79] 赵儒禹．东北地区物流产业发展状况研究[J]．当代经济研究，2006(10)：16~19.

[80] 赵克勤．集对分析在经济领域的运用[M]．北京：经济科学出版社，2007：60~62.

[81] 李子奈．大连建设区域性国际物流中心对策研究[J]．哈尔滨工业大学学报，2006(3)：28~31.

[82] 屈东．沈阳物流产业发展对策研究[J]．物流管理，2007(5)：25~27.

[83] 徐万田．吉林省物流产业发展研究[J]．北方经济，2006(7)：12~14.

[84] Zeeny M. Multiple-criteria Decision Making[M]. McGraw-Hill, 1982.

[85] Bryson N, Mobolurin A. An Action Learning Evaluation Procedure for Multiple Criteria Decision Making Problems[J]. European Journal of Operational Research, 1996, 96(3): 379~386.

[86] 孙在东，徐泽水，达庆利．基于方案贴近度的不确定型多属性决策模型[J]．中国管理科学，2001，9(6)：58~62.

[87] 樊治平，胡国奋．区间数多属性决策的一种目标规划方法[J]．管理工程学报，2000，14(4)：50~52.

[88] Edwards W, Barron F H. Smarts and Smarter: Improved Simple Methods for Multi-attribute Utility Measurement[J]. Organizational Behavior and Human Decision Processes, 1994(60): 252~266.

[89] 徐泽水，孙在东．一种基于方案满意度的不确定多属性决策方法[J]．系统工程，2001，19(3)：76~79.

[90] 黄维忠．指标权重的二阶段赋权法及其应用[J]．上海海运学院学报，2003，24(2)：168~170.

[91] 程明熙．处理多目标决策问题的二项系数加权和法则[J]．系统工程理论与实践，1983，3(4)：23~26.

[92] 齐照辉，张为华，范玉珠．一种新型的多属性决策权重计算方法[J]．运筹与

管理，2006，15(3)：76～79.
[93] Korpela J, et al. Customer Service-based Design of the Supply Chain[J]. International Journal of Production Economics, 2008, 69(2): 193～204.
[94] 曹秀英，梁静国．基于粗集理论的属性权重确定方法．中国管理科学，2002，10(5)：98～100.
[95] 徐泽水．多属性决策的两种方差最大化方法[J]．管理工程学报，2001，15(2)：11～13.
[96] 丁浩，李电生．城市物流配送中心选址方法的研究[J]．华中科技大学学报(城市科学版)，2004，21(1)：50～51，54.
[97] 付朋辉，康立山，等．用多目标演化优化算法解决约束选址问题[J]．计算机工程与设计，2003，24(3)：1～3.
[98] 马丽娟．物流中心选址问题的数学方法研究[J]．物流技术，2004(5)：74～75.
[99] 胡刚，张卫华，等．城市物流中心布局研究[J]．公路交通科技，2003，20(3)：173～176.
[100] Mirehandani P, Francis R. Discrete Location Theory[M]. Wiley, NewYork, 1990.
[101] Aikens C H. Facility Location Models for Distribution Planning[J]. European Journal of Operational Researeh, 1985, 22(3): 263～279.
[102] Azim Houshyar, Bob White. Comparison of Solution Proeedures to the Facility Location Problem[J]. Computer ind. Engng, 1997, 32(1): 77～87.
[103] Taniguchi E. Optimal Size and Location Planning of Public Logistics Terminals [J]. Transportation Researeh, 1999, 35E: 207～222.
[104] 贺炳良．辽宁省发展现代物流产业研究[J]．港口经济，2007(11)：77～80.
[105] 张锦．黑龙江省发展国际物流的建议[J]．北方经济，2006(3)：5～8.
[106] Varun Grover, Manoj K Malhotra. The Application of AHP in Logistics[J]. Journal of Regional Economy, 2007, 5(21): 457～473.
[107] 王淑琴．枢纽城市物流系统规划关键技术研究[D]．东南大学博士学位论文，2005.
[108] 董千里，袁毅．区域综合物流信息平台的功能与构建[J]．交通运输系统工程与信息，2002(1)：77～87.
[109] 叶杰刚．发展中国物流产业的政策建议[J]．商业经济与管理，2002(1)：5～8.
[110] 海峰，等．物流产业政策体系研究[J]．中国储运，2005(3)：74～75.
[111] 夏玉春．中国物流政策体系：缺失与构建[J]．经济研究参考，2004(82)：11～13.
[112] Blocker J D, Lackey C W, Mabert V A. From JIT Purchasing to Supplier Partner-

ships at Xerox[J]. Target, 1991, 21(1):12 ~ 22.

[113] Booth R. Appreciating the Value before Counting the Cost[J]. Management Accounting, 1997(1): 54 ~ 75.

[114] Davis T. Effective Supply Chain Management [J]. Sloan Management Review, 1993(4): 35 ~ 46.

[115] Dobler D W, Burt D N. Purchasing and Supply Management: New York: McGraw, 1996.

[116] Ellram L. Supply Chain Management: The Industrial Organizational Perspective [J]. International Journal of Physical Distribution Management & Logistics Management, 1991, 21(1): 12 ~ 22.

[117] Fisher M L. What is the Right Supply Chain for Your Product? [J]. Harvard Business Review, 1997(3-4): 103 ~ 106.

[118] Fuller J B. Tailored logistics: the Next Advantages[J]. Harvard Business Review, 1993(5-6): 89 ~ 98.

[119] Gavinato J L. A Total Cost/Value Model for Supply Chain Competitiveness[J]. Journal of Business Logistics, 1992, 13(2): 285 ~ 301.

[120] Gereffi G, Humphrey J and Sturgeon T. The Governance of Global Value Chains [J]. Industrial and Corporation Change, 2002, 11(3): 451 ~ 496.

[121] Hammond J H, Obermeyer W R. Making Supply Meet Demand in an Uncertain World[J]. Harvard Business Review, 2004(5-6): 81 ~ 93.

[122] Hassan U, Soh B. Web Service Intelligent Agent Structuring for Supply Chain Management[C]. The 2005 IEEE International Conference on e-Technology, e-Commerce and e-Service, 2005: 329 ~ 232.

[123] Humphrey J, Schmitz H. How does Insertion in Global Value Chains Affect Upgrading in Industrial Cluster? [J]. Regional Studies, 2002(a), 36(9): 17 ~ 27.

[124] J Yusuf Y Y, Gunasekaran A, Adeleye E O, et al. Agile Supply Chain Capabilities Determinants of Competitive Objectives [J]. Eumpean Journal of Operational Research, 2004(159): 379 ~ 392.

[125] Jeffrey Rayport, John Sviokla. Exploiting the Virtual Value Chain[J]. Harvard Business Review, 1995(9-10): 75 ~ 99.

[126] John Shank, Vijay Govindarajan. Value Chain Strategic Cost Management[J]. Cost of management, 1999(9): 50 ~ 52.

[127] Karen Peterson. The Product World Value Chain: Business Processes and Applications[J]. Walt Disney World, 2002(10): 6 ~ 11.

[128] Lee H L, Billiongton C. Managing Supply Chain Inventory: Pitfalls and Opportunities[J]. Sloan Management Review, 1992 spring: 65 ~ 73.

[129] Lee H L, Billiongton C. The Evaluation of Supply-chain-management Models and Practices at Hewlett-Packard[J]. Interfaces, 1995 spring, 25(5):42 ~ 63.

[130] Lee H L, Whang S. The Impact of Secondary Market on the Supply Chain[J]. Management Science, 2002, 48(6): 719 ~ 731.

[131] McGuffog T. E-commerce and the Value Chain[J]. Manufacturing Engineer, 1999 (8): 157 ~ 160.

[132] Porter M E. Competitive Advantage[M]. New York: The Free Press, 1985.

[133] Rayport J F, Sviokla J J. Exploiting the Virtual Value Chain[J]. Harvard Business Review, 1995(9-10): 75 ~ 99.

[134] Sheridan J H. Managing the Value Chain for Growth[J]. IW, 1999 (Sept. 6): 50 ~ 54.

[135] William Walker, Karen L Alber. Understanding Supply Chain Management[J]. APICS-TPA, 1999, 99(1): 33 ~ 42.

[136] 龚树生，刘开明．我国物流统计发展现状分析[J]．中国流通经济，2003(1)：21 ~ 24.

[137] 李会宁，叶民强．我国东中西部三地区经济发展差距分析[J]．经济问题探索，2006(2)：45 ~ 53.

[138] 李凯，史金艳．东北老工业基地物流业现状及其发展对策[J]．商业研究，2005(17)：66 ~ 72.

[139] 李凯，史金艳．略论东北老工业基地的振兴及其发展思路[J]．管理世界，2003(12)：72 ~ 79.

[140] 刘成昆，王述英．我国物流产业跨越式升级的实现路径[J]．中国流通经济，2004(9)：25 ~ 33.

[141] 刘承良，朱俊林，徐亮．我国物流产业基本经济活动空间格局分析[J]．资源开发与市场，2004(3)：33 ~ 40.

[142] 马立宏．区域物流发展现状及对策研究[J]．中国流通经济，2002(14)：14 ~ 16.

[143] 谭清美，冯凌云，葛云．物流能力对区域经济的贡献研究[J]．现代经济探讨，2003(8)：22 ~ 24.

[144] 谭清美，王子龙．城市物流对经济的拉动作用研究[J]．工业技术经济，2004，23(1)：89 ~ 91.

[145] 汪波，杨天剑，赵艳彬．区域物流发展水平的综合评价[J]．工业工程，2005(1)：18 ~ 23.

[146] 汪传旭．供应链环境下合作预测效果的分析[J]．中国管理科学，2004，12(5)：63 ~ 68.

[147] 王成金．试论我国物流经济的空间组织模式[J]．经济地理，2005(3)：

366 ~ 368.

[148] 王健．现代物流网络系统的构建[M]．北京：科学出版社，2005.

[159] 王荣成，丁四保，崔军，米德长．东北亚区域一体化中的图们江地区国际交通运输枢纽建设[J]．世界地理研究，2003(4)：44 ~ 51.

[150] 王荣成，丁四保．关于我国区域经济地理学和区域经济学融合发展的思考[J]．人文地理，2005(6)：23 ~ 28.

[151] 夏春玉．现代物流概论[M]．北京：首都经济贸易大学出版社，2004.

[152] 徐青青，缪立新．区域物流发展及研究综述[J]．物流技术，2006(4)：44 ~ 51.

[153] 颜鹏飞，孙波．经济增长极的定位和区域经济发展[J]．管理现代化，2003(3)：72 ~ 73.

[154] 叶义成，柯朋华，黄德育．系统综合评价技术及其应用[M]．北京：冶金工业出版社，2006.

[155] 张凤荣，金俊武，毛薇．区域创新系统与东北地区振兴策略研究[J]．当代经济研究，2004(6)：50 ~ 53.